戦争と広告

馬場マコト

潮文庫

戦争と広告――目次

装幀・題字　奥村靫正（ＴＳＴＪ）

一　三つの文章と三点の図版

三つの文章がある。
最初のそれは一九二八（昭和三）年に書かれている。

わたしは女の顔を描く。
彼女たちはわたしの恋人になる。
わたしは彼女たちに名まえをつける。
Zaza は額に巻毛を持っている。
Nestenka の編毛は胸まで垂れている。
Poolly のシュミーズは人造絹糸みたいになっちまった。
Lucienne ちょっとお待ち、君の頬にスペードの黒子をつけてあげよう。
ある時、わたしは Molly のカンバスを塗りつぶそうとした。
これはわたしを悲しませたが、わたしはその時大変貧乏だったから。

彼女は底なし沼に落ちたように、
だんだん絵の具の下にかくれていった。
二つの瞳が最後にわたしを見た時、わたしは言った。
「Molly さよなら、もう会えないね」
わたしはこうして女の顔を描いてゆく。
何十年かの後、わたしは老人になるだろう。
ペンが握れなくなって、いちんちベッドの上に寝ころんでいるだろう。
そんな時、彼女たちは昔のままに、
美しく、
やさしく、
あるいはおてんばに、
四方の壁からわたしを見守っているだろう。
そしてある朝、わたしは最後の息を引きながら言うだろう。
「Suzanna よ Charlotta よ Ruru よ、さよなら、もう会えないね」
明日の風が吹いているだろう。
一本の画鋲で止められている彼女たちは、聖天使の翼のように、はたはたと翻《ひるがえ》るだろう。

ふたつめの文は、太平洋戦争が勃発して一年めの、一九四二年の八月に書かれたものだ。

今日、社会情勢の大きな転換は、美術の社会復帰というよりも国家の大目的に帰一するために、鑑賞芸術も亦《また》その技術を今必要とするところに動員されつつある。戦傷痍勇士慰問のために病院へ送られている。遺家族慰問のために家庭へ送られている。生産能率を高めるための工員慰安のために工場へ送られている。その他戦争完遂の各種の目的のためにその技術が動員されている。美術が大衆へ社会へ解放されつつあるのである。かつて美術が宗教宣伝に用いられて、それ自身が一つの「宗教」であるかの如き全い高い使命を、今国家の意志の前に捧げようとしていることは、まことに当然である。

商業美術も遂に真個の使命を果たすために、宣伝美術としての果たすべき役割と並んで、この美術は、国家の要請を民衆に伝え、徹底させ、民衆に何をなすべきか、何をなさざるべからざるかを容易に理解させる。即ち、指導し、啓発し、説得し、昂揚させ、緊張させ、結集させ、行進させるための、更に対外的に、誘導し、同化させ、啓発するための、最も効果あり最も容易な視覚的手段を行うのである。

美術の本質の持つ造型の使用を生かし切ろうとするのである。今その時がきたのである。

大東亜聖戦は、一切のものを真化し、本来のものを知らしめ、本来のものに還らしめるものである。宣伝美術の意義はここにあると信じる。

三つめのものは、終戦の翌年、一九四六年に書かれている。

ぼくは風変わりな花つくりだ
四角い紙の花床に
黒と白との花を咲かせる
ぼくは風変わりな花つくりだ
ボイテンゾルグの植物園にも
アルハンブラの宮廷にも
見かけぬ奇体な花を咲かせる

ぼくは風変わりな花つくりだ
女の髪と衣裳を飾り
寝室の重い垂幕を飾り
ayao の詩とお話を飾る
ぼくは風変わりな花つくりだ

最初と最後の文のわたしとぼくは、リフレンの多用、甘く酔ったようなナルシシズムの匂いがどこか似かよい、書き手は同一人物だと推測される。

まんなかの文章は、ほかのふたつから遠く離れた位置にある。

商業美術の国家的意味合いを謳い、大東亜戦争の高揚感だけが伝わってくる。

しかし、よく読むと同意語の繰り返しのほかに「指導し、啓発し、説得し」の言い回しと「飾り、飾り、飾る」はどこか近く、三つの文章の底流を流れる書き手の意識には共通のものがあるようにも思われる。

だが初めと終わりの書き手の意識と、ふたつめの文章のそれはあまりにも離れており、やはり書き手は別人だと考えたほうがよいのかもしれない。

図版A

三点の図版がある。

一点めの図版Aは、二・二六事件が起こり、日独防共協定が調印され、日本が戦争に傾斜し、世の中がきな臭くなりつつある一九三六年の資生堂の新聞広告である。この新聞広告の世界だけはそのきな臭さと無縁で、香水をつけた女性の瞳には、安らぎにも似た穏やかな時間が宿っている。

次頁二点めの図版Bは太平洋戦争勃発一周年を記念して、いま一度あの十二月八日を人々の間に深く思い起こさせようと大政翼賛会が、一九四二年十一月につくった壁新聞と呼ばれるポスターである。

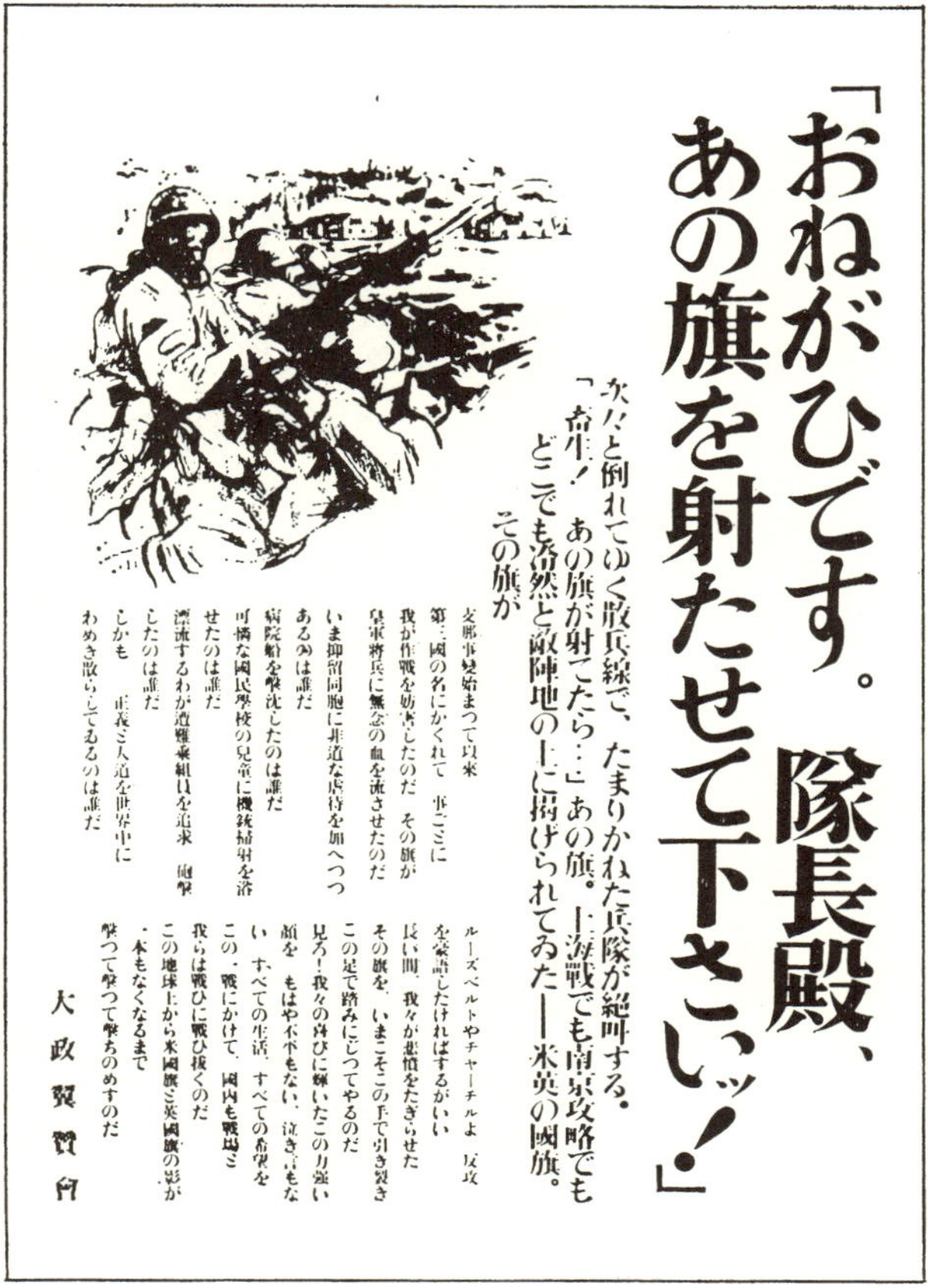
「おねがひです。隊長殿、あの旗を射たせて下さいッ！」
次々と倒れてゆく散兵線で、たまりかねた兵隊が絶叫する。
「畜生！ あの旗が射てたら……」あの旗。上海戦でも南京攻略でもどこでも燦然と敵陣地の上に掲げられてゐた――米英の國旗。
その旗が
支那事変始まつて以来
第三國の名にかくれて 事ごとに
我が作戦を妨害したのだ その旗が
皇軍将兵に無念の血を流させたのだ
いま抑留同胞に非道な虐待を加へつつ
あるのは誰だ
病院船を撃沈したのは誰だ
可憐な國民學校の兒童に機銃掃射を浴
せたのは誰だ
漂流するわが遭難乗組員を追求 砲撃
したのは誰だ
しかも 正義と人道を世界中に
わめき散らしてゐるのは誰だ
ルーズベルトやチャーチルよ 反攻
を豪語したければするがいい
長い間、我々が悲憤をたぎらせた
その旗を、いまこそこの手で引き裂き
この足で踏みにじつてやるのだ
見ろ！我々の叫びに輝いたこの力強い
顔を もはや不平もない、泣き言もな
い すべての生活、すべての希望を
この一戦にかけて、國内も戦場と
我らは戦ひに戦ひ抜くのだ
この地球上から米國旗と英國旗の影が
一本もなくなるまで
撃つて撃つて撃ちのめすのだ
大政翼賛會

図版 B

そして最後の図版Cは、しなやかに伸びる指先で摘まれた一輪の花を描いた、戦後すぐのイラストレーションである。その指先は重苦しかった戦争の時代を忘れさせるかのような優しさに満ち満ちている。女性の顔は描かれていないものの、思わずその花を持つ女性の優しい顔を思い浮かべてしまう。この優美でしなやかな絵には、それだけの想像力をふくらませる確かな技量が潜む。

最初の図版Aのイラストからは、アールヌーボーやオーブリー・ビアズリーに影響を受けながらも、自分自身の女を描こうと格闘する一人の作家の匂いが香り立つ。最後の図版Cの、イラストのペンのタッチの基調には、たしかにアールヌーボーや、ビアズリーが潜むのだが、そこから自由に解き放たれたオリジナルの柔らかい繊細な線が、見るものを虜《とりこ》にする。一点めと三点めの絵は、その曲線のタッチから同一人物の手になる線のように思われる。

まんなかの壁新聞のポスター図版Bは、この二点とはまったく別の遠い世界に位置するものだ。戦時中には数多くの「戦う広告」が残された。しかし、このポスターは、明らかにそれら数多くの「戦う広告」と一線を画す、質の高さを感じさせる。だがその広告がだれの手によってつくられたのかを判断する材料は、あまりにも少ない。

じつは、三つの文章を書いた人と三点の図版を制作した人は、すべて同一人物である。

一八九七（明治三〇）年七月生まれの、その人の名前を山名《やまな》文夫《あやお》という。

最初にあげた文章は、一九二八年に丸ビルの丸菱デパートで開かれた、第一回主情

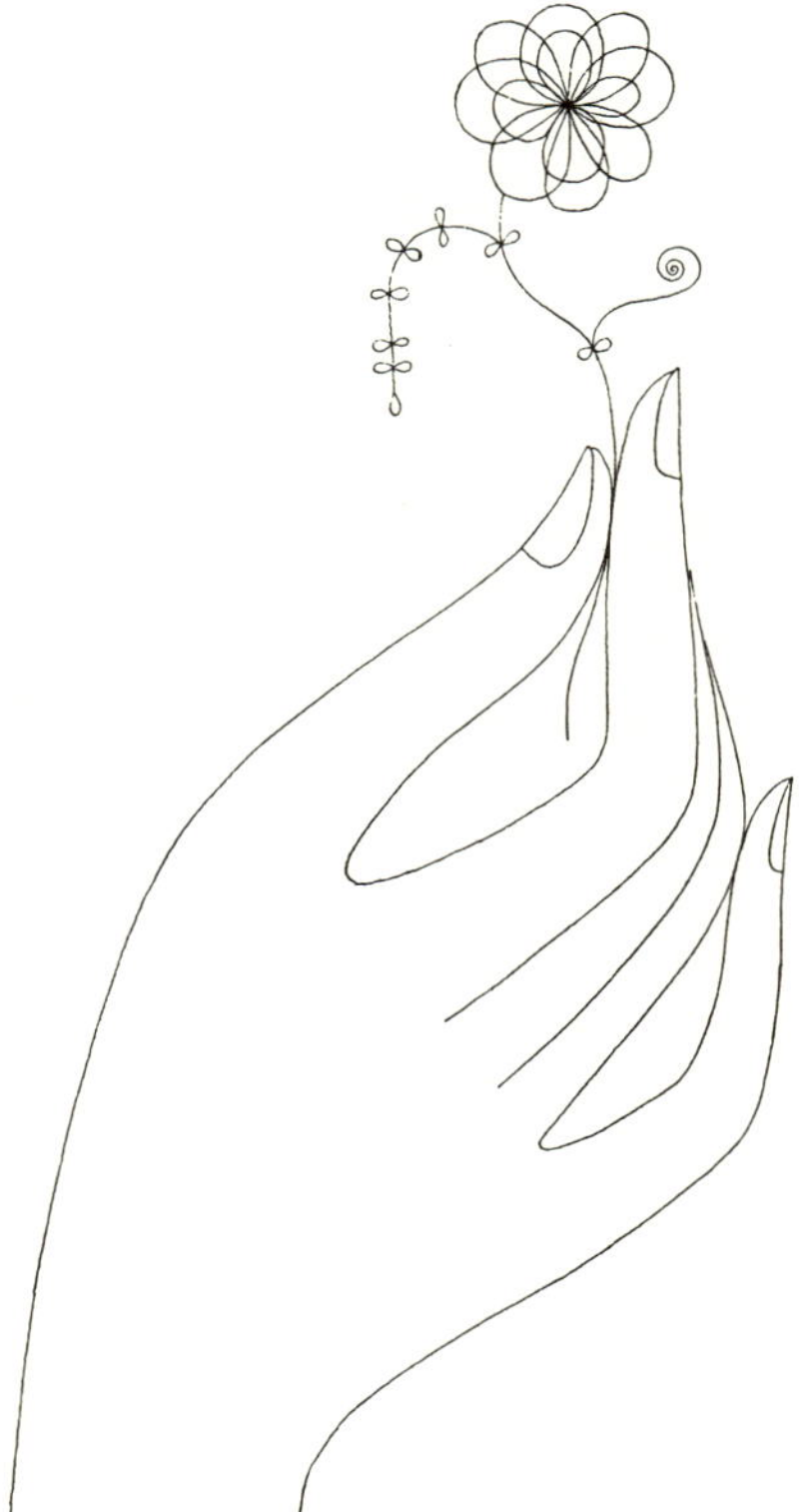

図版C

派美術展覧会のカタログに、山名が書いた詩である。

山名は昭和初期から挿絵画家として「女性」「苦楽」「サンデー毎日」「新青年」誌に女性を描きつづけた。その絵は「ayaoの文字を紙に書いて飲みこむと、モダンガールになれる」と婦女子の間で騒がれたほど、彼の描く女性像はモガ・モボの時代の到来を予感させるものだった。山名三十一歳のときの詩である。

しかし挿絵画家をめざしていた山名は、自分の絵の世界と共振する小説家との出会いがはたせず、やがて広告の世界に入っていく。

一点めの図版Aは、その彼が、当時の資生堂社長福原信三に請われ、三十九歳で資生堂に入り、制作した香水の広告だ。

山名は資生堂唐草とよばれる唐草模様をつくりあげ、新聞広告のなかに数多くの、ザザ、モーリーを登場させると同時に、カネボウのロゴマークや、読書好きならだれもが知っている新潮文庫のあの葡萄《ぶどう》のマークをつくりだした。

しかし、戦争は山名に彼のポーリー、ルシィエンヌを描くことを許さず、ふたつめの文章を書かせ、「商業美術はその技量を今こそ国家のために動員し、民衆を指導し、啓発し、説得し、昂揚させるために、大東亜戦争のもとに集結せよ」と説くことになる。

これは戦時中、山名が委員長として属した報道技術研究会が編んだプロパガンダ本『宣伝技術』に、四十六歳の彼自身が寄せた檄文《げきぶん》である。

その檄を自ら実践するかのように、彼の商業美術の技量を総動員してつくったのが、ふたつめの図版Bの壁新聞ポスターだ。

戦時中の多くの「戦う広告」が、「撃ちてし止まむ」「八紘一宇」などというお題目を並べるだけだったり、たとえば帝国生命の「一億攻勢へ、貯蓄完遂」や小西六の「写真は総力戦の新兵器」のように、時局と自社商品を時代のことばで安直に結びつけ、汚らしい書き文字で殴り書きしたりするなかにあって、このポスターは多くの「戦う広告」群と一線を画している。

なぜなら、上からの命令口調で語られる多くの「戦う広告」のなかにあって、「おねがいです。隊長殿、あの旗を射たせて下さいッ！」と願い出る、兵士の下からの視点が、この広告をきわめてユニークなものにしているからだ。本来は撃《う》たせてと書くべきところを、射《う》たせてと書き、戦場のイラストレーションを左上に置くことで、リアル感と緊迫感を読む者に迫る。その結果このポスターは、戦後も多くの人々の記憶に長く留められることになった。

まさに国家の要請に対して、山名は自分のもつ商業美術の技量を総動員し、民衆を緊張させ、結集させ、行進させた。それだけの特別のクオリティーが山名のつくる「戦う広告」にはあった。

報道技術研究会委員長として多くの「戦う広告」をつくりつづけた山名は、終戦とともにふたたび四十九歳のナルシシスト ayao に戻り、自由を謳歌するようにのびやかにしなやかに三点めのイラストを描きだしていく。そのイラストの横に添えられた詩が三つめの文章だ。

戦後ふたたび資生堂に戻った山名は、資生堂唐草模様と花椿マークを一体化して、資生堂の新聞広告や高級化粧品パッケージをつぎつぎと生みだし、資生堂の現在のロゴマークを開発した。戦後の日本の美の価値基準を高める一人として、なくてはならない存在となった。一九八〇年一月十四日、心不全のため八十三歳で他界する直前までペンを持ちつづけた。

その年もっとも活躍したクリエーターに日本宣伝クラブから贈られる「日本宣伝賞山名賞」にいまもその名が残るように、山名は戦前戦後を通じて広告クリエイティブ界の巨星だったといって過言ではない。

その巨星、山名はなぜ、愛しいザザ、ネステンカ、ポーリーを捨て、宣伝美術で民衆を、「指導し、啓発し、説得し、昂揚させ、緊張させ、結集させ、行進させ」る

「戦う広告」の世界に足を踏み入れたのか。その足跡をたどってみたい。

しかし、山名の行為を単純に批判し、糾弾するのは避けたいと思う。いつの時代も、どの国にあっても、時代と並走することでしか、生き残る手段がないのが広告だからだ。

戦争が山名文夫のペンを変容させていった過程をたどることで、広告とはなにか、戦争とはなにかがみえてくるはずである。

その過程にこそ、二度と戦争を繰り返さないために人は何をすべきかの答えが、潜むはずだ。

※図版A＝一九三六年　資生堂広告　朝日新聞より、図版B＝一九四二年大政翼賛会壁新聞、山名文夫『体験的デザイン史』ダヴィッド社より、図版C＝一九四六年山名文夫イラストレーション『山名文夫作品集』誠文堂新光社より

二　プラトン社と岩田専太郎

先の三つの文章のうち、山名文夫が最初のものを書くきっかけになったのは、一九二三（大正十二）年の新聞のある求人広告だった。

山名はそれまで描いていた女性画のペンの手をふと止めて、深いため息をついた。指先を柔らかくしならせたにもかかわらず、その線は女性のふっくらとした横顔にならなかった。思った輪郭さえいっきに描けない。いつになったら自分の絵は人々の心をとらえることができるのだろうか。それよりも絵で食べていきたいという願いは、いつ現実のものになるのだろう。もう二十六歳にもなるというのに。そう思うと気が重かった。

和歌山の普通中学校を出ただけで、その後美術専門学校に行ったわけではない。無手勝流で好きな絵を描いてきた。手先の器用さを買われてアルバイトに図案のはしくれのようなことをした。頼まれて絵のカットを描いたこともある。京都で長い間『チョコレート』という十六ページだての詩集を編集、発行した。表紙の装画から装丁、詩の間に描きこむ挿絵まですべてを自分でやった。もとよりそれで生活できるわけではない。とうとう母親のいる大阪の実家に転がりこんでしまっていた。

うまく描けない女性の横顔にいらつきながら、山名は深いため息をついた。

「こんなことをしていていいのだろうか」

父の死で恩給がなくなってから久しかった。母には遺族の扶助金がいくらかでるのだが、その金さえ当てにしている自分が情けなかった。

山名は左手でロイドメガネの縁を持ってメガネをはずすと、開いたまま机の横に置いてあった新聞の上に投げ捨てた。線画を描きつづけて疲れた目をぐりぐりと押さえた。その指で鼻筋のまんなかをつまみながら、困ったもんだと一人愚痴った。ロイドメガネをとりあげようと伸ばした手の先に、その求人広告が飛びこんできた。

「『女性』誌図案家募集、プラトン社」

買ったことはなかったが、「女性」のことはよく知っていた。まず誌名が耳新しく新鮮だった。表紙には毎月さまざまな女性が多様な手法で描かれていた。題字の「女性」は活字でなく、その絵のトーンにあわせた手描き文字だった。個性的なその方法がこの雑誌をいつも斬新に見せていた。定期刊行物というよりも、毎月新しい雑誌がでるという印象があった。たまに書店の店頭でぺらぺらとめくると、執筆者の顔ぶれも記事の内容もいつもなかなか文学的だった。小説の題字の書き文字や、横に添えられた小さなコマ絵の感覚もよく、挿絵も充実していた。

この凝った表紙を毎月作っている作家の名前は山六郎《やまろくろう》という。そのことも、山名はよく知っていた。というのは京都時代からの絵の仲間の井上敏行が、本屋の店頭で「女性」を手に取ると、「この絵を描いているのは山六郎と言って、おれの同郷なんだ」といつも自慢そうに話していたからだ。

「図案家か」と山名は口ずさんだ。小説の挿絵画家なら自分でもやれそうだと思ったが、図案となると皆目自信がなかった。

そんなことをいっていられる歳でもないだろうと、山名は自分で自分を叱った。まだ採用と決まったわけでもないのだ。動いてみるしかなかった。井上敏行に山六郎を紹介してもらうことにした。

それまで描きためた作品を集めると、大阪城の坂をさがり天満橋に出て、その裏通りにあるプラトン社へ向かった。一九二三年の春、山名二十六歳のときだった。

大正期、化粧品といえば「東のレート、西のクラブ」と謳《うた》われたように、二大ブランドで占められた。関西を拠点にクラブ化粧品を製造販売するのが中山太陽堂だった。社長は中山太一といった。プラトン社はそのクラブ化粧品のPR誌「女学生画報」を発行するために、社長の弟の中山豊三が興《おこ》した会社だった。PR誌の「女学生画報」を発刊してみるとなかなか好評で、女性たちは「女学生画報」を読みたさにクラブ化粧品をよく買ってくれた。

「女学生画報」の人気に気をよくした豊三は、婦人文芸誌という新しい市場を思い立ち、「女性」を世に送りだした。創刊して一年もたたないうちに、「女性」は「女学生画報」以上に人気を集め、東京でもみられない新しい感覚の、押しもおされもせぬ婦人文芸誌に育っていた。

プラトン社の文芸編集には、専任の編集担当者が何人かいたが、デザインに関しては、山六郎がすべて仕切っていた。

日本の美術史に山六郎がはたした成果がふたつある。ひとつは大正末期から昭和初期にかけて、無骨な活版活字しかなく、雑誌の表紙といえばどれも活字を使い、雑誌名での差別化しかできなかった時代に、山六郎は漢字のレタリングというまったく新しい手法を導入し、漢字をデザインの分野で解放したことだ。

そしてもうひとつはコマ絵の独自性だ。日本の雑誌では伝統的に活字タイトルの見出し上に、小さな絵を入れてページを飾ることが行われてきた。その絵はどこの雑誌も特徴がなくいつも画一的だった。逆にその習慣が雑誌の差別化をはたせない要因にもなっていた。雑誌ページ見出しのほんの小さなスペースなのだ。そのスペースに山六郎はビアズリーの絵を真似て、華麗で優雅な世界を持ちこんだ。表紙と、彼が描く各ページの見出し上の小さなコマ絵が、「女性」をほかの雑誌とまったく違う感覚の雑誌に仕立てあげていた。

また、雑誌の間の広告ページも雑誌美術担当者の仕事のひとつだった。広告はクラブ化粧品、プラトンインキのものが多かったが、表紙からコマ絵、広告のすべてに山六郎のきめ細かい感性が行き届き、「女性」は独自のモダニズムの匂いを立ち上らせ、人気を不動のものにしていた。

そんな山六郎に山名は緊張しながら、自分の作品を見せた。差し出された作品を見ながら山が「なかなかいい線を描くね」と言ってくれ、山名の入社が決まった。

それまでだれか師について絵を学んだこともなく、まして図案の勉強を専門にしたこともない山名だった。彼にとって、「女性」での仕事はすべて一からの勉強となった。

その日から山名は毎日まいにち身を小さくしながら、山六郎の流麗なペンさばきをひたすら見つめつづけた。ペン先を微妙に丸めながら描きだすときの力の入れ具合。柔らかな細い線がしなるようにどこまでも伸びきるときの彼の手の返しを盗み見た。そして山名は、自分でもその感覚をつかもうと、何枚も何枚も習作を重ねた。プラトン社の机の上でも、帰った自宅でも日々繰り返された。半年の月日がたった。やがて山名は、自分の手の内に、山六郎のペン先と線が生まれだしたのを感じた。

ある日、山名がプラトン社でいつもの習作を重ねているときだった。机がカタカタと鳴った。そしてぐらりと大きな揺れがきた。大阪ではよく地震が起きたが、その日の揺れ方はいままで山名が体験したものとは違った。ペンを持つ手が揺れに取られ、線が流れ、女性の顔が歪んだ。山名はひどく不気味な気分に襲われた。どこか遠くで途方もない地震が起きたのかもしれない。山名は身震いしながら、描き損じた女性を丸めて捨てた。

山名の不吉な予感は的中した。街には号外が出され、人々は奪うようにその号外を手にした。

「東京全滅か」

センセーショナルな見出しで号外は、一九二三（大正十二）年九月一日の関東大震災を伝えていた。地震と火災と暴動。東京ではたいへんなことが起こっているらしかった。通信機能は完全に麻痺し、情報はとだえた。東京から大阪に逃げ延びてきた人々のことばを信じるしかなかった。恐怖が人の感覚を狂わせるのか、それとも東京ではほんとうに略奪や殺戮が行われているのか、彼らの話は山名の想像力を超えるものだった。

恐怖に震えながら東京から大阪に避難してきた文壇、画壇の人々は、やがて生活の手段として、発表の場をプラトン社に求めてきた。

「女性」十月号は、それまでの編集方針をすべて破棄した。震災特別号として、震災写真多数を口絵にし、二十人の作家による震災体験記を掲載した。その様子を菊池寛《かん》は「女性」に次のように綴った。

死生の境に出入りするなどと言うことは、すべて戦国乱世の事と思ひしに、九月一日三時半頃我れ日本橋より本郷への帰途、万世橋を渡らんと思ひしが、濛々たる煙に襲はれ居るを見て、引返せしに、三越の背後と思しき所に、新しき煙出づ。南は本石町の火すさまじき迄に焼け広がれり。北を望むれば、錦町を焼く火と、大手町を焼く火との間に、わづかに一帯の晴天残れり。(中略)

濠端には避難民群集し、小児は火の迫れるを見て悲鳴を挙げ、火の子は時々頭上に降り来る。荷物を積む手車、大八、荷馬車など混乱し、身動きも容易ならず、車の下をくぐり、人波に押し動かされて、一つ橋を渡りて、漸く蘇生の思ひをなせり。

（中略）

死生の境を辿ることは、得易からざる体験ならん。聞くならく、将棋の上手大崎七段は、日露戦争に死生の間をくぐりてより、心願開けて、将棋の技倆忽ちにして進めりと。我も亦、死生の間に、一歩を踏み入れりしを機縁として、人生観、芸術観に於て百尺竿頭一歩を進め得んことを期すべし。

東京の惨状を目のあたりにしなかった山名だったが、精神的ショックは東京人と同様に、山名にも襲いかかった。菊池寛が死線を越えた以上、芸術観をさらに高めようと誓ったと同様、山名は自分の才能をより高めようと決心した。それまで山六郎の見習いという立場にとどまっていた山名は、関東大震災とともに大きく羽ばたくことになる。

関東大震災で騒然となるなか、プラトン社は新しい雑誌の準備にかかった。企画には当時神戸に住んでいた小山内《おさない》薫《かおる》が迎えられた。小山内は大きなボヘミヤンタイを結んで、ビロードの堂々たる服でプラトン社に現れた。ロシア文学の流行に影響されてルバーシュカを着ていた山名を、小山内はじろりと見据えた。ロシア文学者をきどったものの、山名のルバーシュカは手製で貧しかった。それはヨーロッパの貴族とロシアの農民の出会いのようだった。

「ライフ」と名づけられた新雑誌の名前を、小山内は日本語に置き換えて「苦楽」でどうだろうと、彼一流の演劇的解釈を示した。

「高踏に過ぎず、卑俗に堕ちず。興味が多く、趣味豊かに。家庭でも電車の中でも読める娯楽雑誌」。それが「苦楽」の創刊の謳い文句だった。

　創刊号には直木三十三の小説デビュー作「仇討十種」が載った。山名はこんなおもしろい読み物ははじめてだと思いながら読んだ。菊池寛も激賞した。三十三は直木の当時の年齢で、三十一歳のときに直木三十一の名で月評を書いて以来、年を重ねるごとに、三十一、三十二、三十三と名前を変えてきていた。その直木は「苦楽」デビューからたった二年で、娯楽小説の押しもおされもせぬ大家となってしまった。以後、直木のペンネームによる年遊びは三十五で終わった。

　直木は「苦楽」で小説を書く傍ら、自らが社内スタッフになり、矢継ぎ早に文芸書もだした。里見《さとみ》弴《とん》の『四葉の首蓿《クローバー》』もその一冊だった。装丁者は山名だった。

自分が装丁したはじめての本ができあがると、山名は何度もその本を手に取り、ようやくこの業界に足を踏み入れたことに満足した。その充実感は、その後の長いデザイン人生を支えることになる。

それまでの娯楽雑誌といえば、「講談倶楽部」「面白倶楽部」くらいで、内容は講談や落語の速記ものだった。そこに「高踏に過ぎず、卑俗に堕ちず」の「苦楽」が登場したことで、多くのインテリが飛びついた。

人気が出たところで、「苦楽」専任の編集長が必要になってきた。久保田万太郎が、関東大震災を避けて関西に逃げだしてきた文化人の中から、川口松太郎を推薦し、彼が編集長になった。

川口は「映画物語」という企画を打ちだし、彼自身が筆をとった。それは未公開映画の紹介で、解説にとどまらず、読み物として読ませた。いまでいうシネマノベルズの先駆けだ。時代劇、恋愛もの、喜劇、サスペンス。映画の題材にあわせて川口は器用にその読み物を書き分けた。そして題材にふさわしい挿絵を、画家の個性にあわせて割り振った。山名は恋愛ものや、女性の登場する「映画物語」の挿絵を担当させられたが、挿絵の要領がうまくわからず、戸惑いながら描くしかなかった。業を煮やした川口は、やはり大震災で東京を逃げだし、京都の実家に帰っていた岩田専太郎に声をかけた。東京時代の岩田は、博文館の「講談雑誌」で挿絵を描いていた。その雑誌に久保田万太郎が小説を書いていた関係で、万太郎の弟子の川口と岩田は前から知り合いだった。

「お前も大阪に来ないか。土地不案内の関西で、挿絵を描く画家に不自由している」

その誘いは関東大震災で焼け出され、京都の親元で友禅の下絵を描くしかなかった、まだ二十一歳になったばかりの岩田にとって、ありがたいものだった。しかも月給は五十円で、挿絵一枚描くごとに四円の挿絵料が入るという好条件だった。

東京では筆しか使ったことのなかった岩田は、山名や山がペンで描くのを見習って、ペンを持ちだした。若い岩田は、山名が教えたペンの使い方をたちまち習得し、川口が書く現代もの、時代ものの「映画物語」にあわせて、筆とペンを器用に使い分け、絵を描きあげた。川口、岩田のコンビの映画物語が評判をとり、「苦楽」の人気が上がるにつれ、岩田にはほかからも声がかかるようになる。毎日新聞の吉川英治の連載小説「鳴門秘帖」。その挿絵で岩田の人気は絶対的なものになった。岩田専太郎は後に日本経済新聞の「私の履歴書」で、「私のほかに『女性』担当として、山名文夫、山六郎の両氏がいて、いい絵を描いていたから、ずいぶん参考になったのもしあわせである」と書いている。

だが人気が出ても岩田の恰好はいつも同じだ。よれよれの白いシャツとズボン、腰のベルトにはさんだ手ぬぐい、つばの広い麦わら帽をかぶった姿は、野良着にしか見えない。そんな姿でプラトン社にやってきた岩田は、山名の隣の席に座ると、驚くべき速さで挿絵を描き上げ、去っていった。

岩田が挿絵を描く傍で、山名は挿絵を描くほかに広告の仕事をやった。広告のことはなにもわかってはいない。またそれを深く考えてみようともせずに、適当な絵を描き、それを適当に配して広告に仕上げた。しかしそれでもだれからも咎められることのないのんきな時代だった。雑誌の発売ポスターをつくることになったが、平版印刷のことはなにもわからない。複写もせずにいきなり原稿を巻きつけ、版下をつくるありさまだ。与えられた仕事をそんなふうに、見よう見まねでこなした。やがて図案のこと、版下のこと、印刷のことが、やっと少しわかってきた。美術学校をでていない二十七歳の山名は、広告のことはすべて実地訓練で学んでいった。

「女性」「苦楽」と人気の文芸誌を出すプラトン社だったが、人気が出れば出るほど、関西で出版業をつづけることはたいへんだった。関東大震災の後の東京復興が整うに従い、作家たちはふたたび東京に戻って、原稿の依頼先はほとんど東京になり、川口編集長は何度となく東京大阪を往復した。高速印刷の設備も大阪は貧弱で、雑誌の人気に合わせ増刷しようとしてもままならない。取次店も東京がほとんどのため、できあがった雑誌は、いったん東京に運送せざるをえない。いまでも出版、広告など文化面のハンディキャップはぬぐえないが、当時の交通、流通事情を考えると、関西で全国区の出版事業を遂行していくことは、並大抵なことではなかった。

ついにプラトン社はあまりの効率の悪さに、大阪を捨て、東京に出ることになった。その背景には、もうひとつの事情もあった。講談社の大攻勢だ。

一九二五（大正十四）年一月、「雄弁」「講談倶楽部」「面白倶楽部」「婦人倶楽部」を出していた講談社が、なんと発行部数五十万部という、当時では考えられないスケールで、「キング」を世に送りだしたのだ。しかも追加注文につぐ追加注文で、その創刊号は最終的に七十四万部にも達してしまった。このままいくとプラトン社は、講談社に赤子の手をひねるようにつぶされてしまう。そんなあせりから、プラトン社は一九二六年十二月、東京丸ビルに居を構えた。

引っ越しと同時に大正天皇が崩御し、大正という時代が終わった。一九二七年一月、昭和二年がはじまった。

プラトン社の東京進出と同時に、山名も東京に出ることになった。「女性」の表紙を任されることが多くなり、山名の描く女性と英文字の描き文字は、なかなか新しい時代の到来を予感させた。山名は気にいった絵ができあがると、女の子たちをリーザやアメリーと名づけた。その名前にふさわしく、山名の描く女はみんな国籍不明の顔をしていた。カットの横にayaoというサインをいれたので、「ayaoの文字を紙に書いて飲みこむとモダンガールになれると若い女性たちに騒がれた」(「広告界」一九二九年五月号)くらい、当時の若い女性たちの間で人気を集めた。

大阪時代から山名は、プラトン社の発行する雑誌のほかに、「サンデー毎日」にも挿絵を描きつづけていたので、東京に出てきてからも、直木三十五や谷譲次《たにじょうじ》の挿絵を

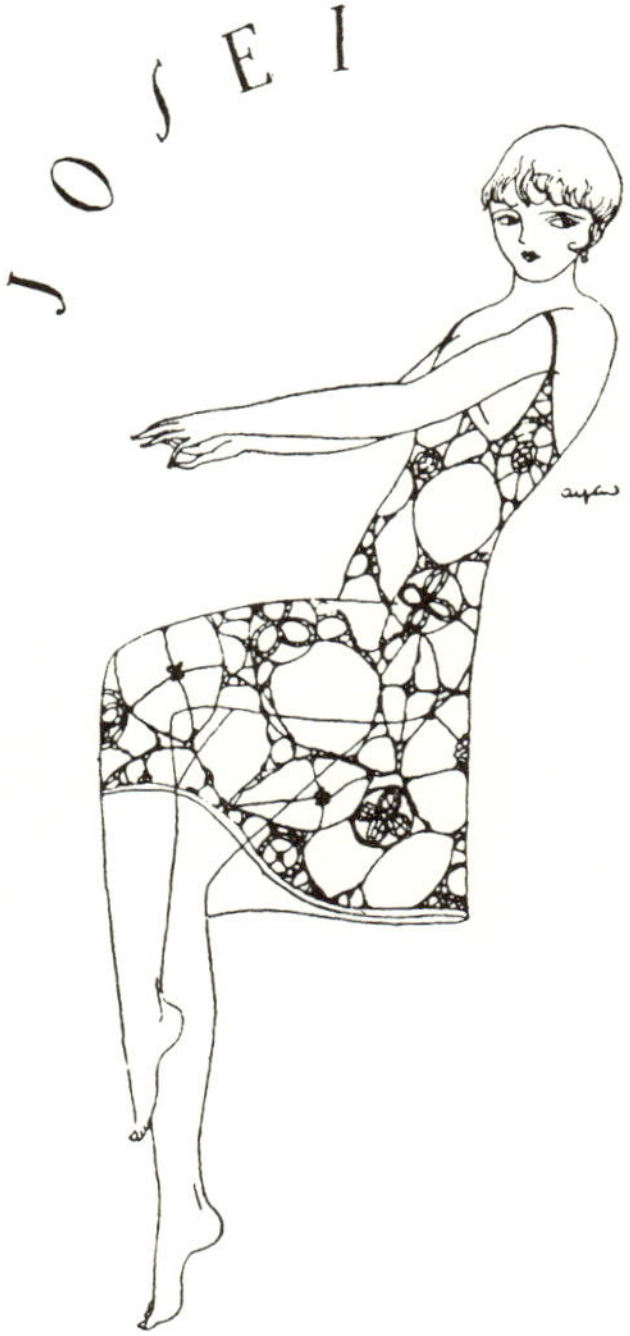

1927年「女性」扉絵
(『山名文夫作品集』誠文堂新光社より)

描いて、大阪に送っていた。ある日、その絵を見た大阪在住の「新青年」編集長、横《よこ》溝正史《みぞせいし》から中山社長に、「山名に挿絵を頼みたい」と申し入れがあった。山名は「新青年」の推理小説に挿絵を描くことになった。「新青年」には、その後の日本の推理小説界を切りひらくことになる、江戸川乱歩《らんぽ》、木々《きぎ》高太郎《たかたろう》、小栗《おぐり》虫太郎《むしたろう》、横溝正史などの若手作家がそろい、新しい小説世界を確立するための、挿絵画家を探していたのだ。しかし横溝直々の申し出だったにもかかわらず、山名はその推理世界を描ききれずに終わる。山名の描く女性たちはどれも華麗で洗練されすぎ、推理小説の「闇」となじむことがなかった。

やがて、横溝は山名よりも若い挿絵画家竹中英太郎を見つけだす。竹中の絵には心をざわつかせる微妙な不健康さがあった。乱歩の小説「陰獣」に竹中の絵を組みあわせてみると、乱歩の書く、心の闇の世界がより増幅した。「陰獣」は評判をよび、「新青年」は増刷につぐ増刷を繰り返し、瞬く間に乱歩・竹中コンビが定着した。前作「一寸法師」より不振にあえぎ、一年以上筆をおいていた乱歩は、この一作で息を吹き返し、以後、竹中と組んで傑作を世に送り続けた。乱歩のあの小説の行間には、竹中のもつ闇がふさわしかった。竹中の絵に触発されるように、乱歩の心の闇はさらに深くなった。

東京に進出した「女性」は、文芸誌としてますます評判を高めた。谷崎潤一郎の「痴人の愛」、佐藤春夫の「女誡扇綺譚《じよかいせんきたん》」が掲載されたかと思うと、北原白秋作詞、山田耕筰作曲の「からたちの花」が楽譜と一緒に載り、岸田劉生《りゆうせい》の画論が載るなど、その編集内容も変幻自在だった。しかし、山名の絵がそれらの著作をリードすることはなかった。

山名は焦っていた。川口松太郎と岩田専太郎、江戸川乱歩と竹中英太郎のように、自分の絵と共鳴し合う作家を自分も見つけなければ。あるいはだれか強烈な個性をもった作家の世界観に合わせて自分の絵を変えなければ、このまま画家として取り残されてしまうに違いない。

しかし、山名はビアズリーに影響を受けた女性の絵しか描けなかった。その女性は何枚描いても、どう工夫しても純日本女性にはならなかった。印刷技法を知り、広告図案を手がけるなかで、絵に奥行きはでたものの、ザザやポーリーやルシィエンヌしか描けなかった。

第一回主情派美術展覧会が開かれたのは、一九二八（昭和三）年のことだった。プラトン社の入っていた丸ビルの丸菱デパートが会場となった。

そのころ、文芸家や美術家の間では「知性、理性などを主にしていくべし」として、主知主義ということばがしきりに使われた。そんな鼻もちならない文化人たちをあざ笑うかのように、峰岸義一は挿絵画家には知性も、理性もいらない、情けだけが主だと反発した。そして東京の挿絵画家たちに主情派美術展を開こうと声をかけたのだ。

　第一回主情派美術展覧会は当時の挿絵画家が一堂に会した展覧会で、岩田専太郎、金森観陽《かんよう》、河村目呂二《めろじ》、河野通勢《みちせい》、斎藤五百枝《いおえ》、斎藤佳三、沢令花、渋谷修、清水三《み》重三《えぞう》、田中良、富田千秋、中沢弘光、名越《なごし》国三郎、細木原青起《ほそきばらせいき》、松野一夫、峰岸義一、山六郎、山口林治、山名文夫、吉邨《よしむら》二郎の二十名が出展した。

　岩田は「人妻爪切りの図」という絵を出展し、山名は「フローラ」「四月の微風」「私達がリーザとよんでいた薔薇の女」「アメリーの横顔」「スカンジナビアの霧」「アクリーナ」「アンネット」「六月」という多作の油絵を発表した。岩田と山名の絵の題名を見れば、お互いの絵の世界を彷彿とさせるものがある。岩田はビアズリーの影響を受けながらも、後に「モダン浮世絵」とよばれたように、日本の美人画の新しい世界を切り開いた。同じくビアズリーに影響された山名の絵は、いま見ても十分通用する感覚の新しさだ。近代的すぎるモダニズムが、山名自身の人生を狂わせた。

　三十一歳の山名はこの展覧会のカタログに、一章でかかげた最初の文章の詩を寄せた。その題はROMANとMANIAを合成した「ROMANIA」といい、山名ならではの想いだった。

わたしは女の顔を描く。
彼女たちはわたしの恋人になる。
わたしは彼女たちに名まえをつける。
Zaza は額に巻毛を持っている。
Nestenka の編毛は胸まで垂れている。
Poolly のシュミーズは人造絹糸みたいになっちまった。
Lucienne ちょっとお待ち、君の頬にスペードの黒子をつけてあげよう。
ある時、わたしは Molly のカンバスを塗りつぶそうとした。
これはわたしを悲しませたが、わたしはその時大変貧乏だったから。
彼女は底なし沼に落ちたように、
だんだん絵の具の下にかくれていった。
二つの瞳が最後にわたしを見た時、わたしは言った。
「Molly さよなら、もう会えないね」
わたしはこうして女の顔を描いてゆく。

何十年かの後、わたしは老人になるだろう。
ペンが握れなくなって、いちんちベッドの上に寝ころんでいるだろう。
そんな時、彼女たちは昔のままに、
美しく、
やさしく、
あるいはおてんばに、
四方の壁からわたしを見守っているだろう。
そしてある朝、わたしは最後の息を引きながら言うだろう。
「Suzanna よ Charlotta よ Ruru よ、さよなら、もう会えないね」
明日の風が吹いているだろう。
一本の画鋲で止められている彼女たちは、聖天使の翼のように、はたはたと翻るだろう。

第一回主情派美術展覧会が開かれた一九二八年の五月、「女性」「苦楽」と文壇に新風を吹きこんだ二誌が突然廃刊になった。大資本講談社の「キング」の大攻勢の前に、良質な本をささやかに発刊しつづけるプラトン社は、どうにも立ち行かなくなったのだ。大正末期の出版界にあってその精彩を放ったプラトン社は、自らその幕を下ろした。「キング」はその年の十一月増刊号で百五十万部も売る雑誌に化けていた。「苦楽」創刊号で小説デビューした直木三十五。そして「苦楽」編集長として、つぎつぎに封切られるジャンルを超えたシネマノベルズ「映画物語」をさまざまに書きつづけた川口松太郎。

その川口は、プラトン社解散七年後の一九三五年、第一回直木賞を「鶴八鶴次郎」で獲ることになる。「苦楽」が川口にとってエンターテイメント作家としての修練の場であったことは容易に推測できる。その直木賞受賞作の挿絵を飾ったのが、岩田だった。以後、川口・岩田の黄金コンビは、川口の死の一九八五年までつづくことになる。乱歩の小説に竹中英太郎の挿絵が必要だったように、川口の時代小説、恋愛小説には岩田の絵が必要だった。岩田は川口の時代小説には筆絵の世界で、恋愛小説には山名のペンさばきから学んだ山名ばりのビアズリータッチの世界で応えた。

大正の末に大阪の小さな出版社プラトン社ではじまった奇妙な出会いは、やがて昭和の大衆小説のひとつの潮流を作り上げることになる。だが残念なことに山名だけがその潮流に乗れなかった。

山名の不幸は、彼の資質のモダニズムにあった。東京を描く現代小説がすべて異国の物語になってしまった。小説空間にリアリティーを定着できなかった。そこに山名の悲劇があった。挿絵画家としてさまざまな作家の挿絵を描いた山名だったが、そのペンは時代として早すぎ、作家の文体と画家のペンの感性が、川口松太郎と岩田専太郎、江戸川乱歩と竹中英太郎のように合体し、昇華することなく終わった。

挿絵だけではなく、デザインのできた山名は結局図案家の道を歩むことになり、資生堂の広告、図案Aをつくることになる。そして戦争に傾斜し、加担していくなかで、山名は第二の「戦う広告」図案Bを制作し、第二の文章を書くことになる。

山名のペンの哀しみ。それは時代と本人の感性がいつも両輪のように絡み合って動く、広告という世界に、足を踏み入れたことだ。

岩田のように、山名でなければその小説世界が輝かない、感性のある作家と出会っていれば、山名は第二の文章と図案Bの広告に手を染めなくてすんだのかもしれない。

いまは、第一の文章を書いた後の山名が、第一の広告を仕上げるまでを見ていくときである。

三　「NIPPON」と名取洋之助

プラトン社が閉鎖して行きどころのなくなった山名文夫は、大阪の実家に帰り、なにもすることなく無聊《ぶりよう》をかこっていた。陽だまりにただ寝そべっていると、本来、自分は無精な怠け者だということが山名にはよくわかった。三十歳を過ぎた百八十センチを超える大男が、毎日何をするでもなく、四肢を投げだした犬のように、母親のもとで寝そべっているだけで言い知れぬ幸せを覚えるのだ。そんなある日電報が来た。

「資生堂ニ空席。入社希望ナラ、至急上京セ。沢」

主情派美術展で一緒だった沢令花からだった。思いがけない電報に山名は驚いた。資生堂なら願ってもないことだった。

資生堂創業者福原有信《ありのぶ》が、日本初の洋風調剤薬局「資生堂」を銀座煉瓦街の一角に開業したのは一八七二（明治五）年のことだ。以後、資生堂は銀座の著名な小売り兼薬局として評価を高めながら、一八八八年日本ではじめての練り歯磨き「福原衛生歯磨石鹸」を発売。一八九七年に化粧水「オイデルミン」で本格的に洋風化粧品の製造販売に乗りだした。主に富裕層を中心に、限られた顧客に対して薬品と化粧品を販売してきた。一九〇二年、銀座煉瓦街の店内にソーダファウンテン（のちの資生堂パーラー）を設け、ソーダ水とアイスクリームを販売しだすと、これが人気となって、銀座の新しい名所となった。洋髪の普及とともに香油「花つばき」が、資生堂の次の時代の新しい顔に育っていった。

「花つばき」の登場を待つように、一九一三（大正二）年、三男の福原信三が五年間の海外遊学を終え、帰国した。彼は千葉医専を卒業後、アメリカ、コロンビア大学薬学部に入った。そこを卒業するとニューヨークのドラッグストアーで働いた後、ヨーロッパ各地を見て帰ってきたのだ。

福原は経営に携わると同時に、新たな施策をつぎつぎに打ちだしていった。資生堂を従来の洋風調剤薬局から大きく方向転換させ、美容、整髪、服飾とトータルな美に影響を与える総合化粧品メーカーへと急速に切り替えていった。福原は化学者であると同時に、日本の写真芸術を切り開いた写真家であり、自ら絵筆もとるアーティストだった。

当時「東のレート、西のクラブ」といわれた二大化粧品メーカー、レート化粧品と中山太陽堂のクラブ化粧品に比べれば、資生堂の規模は足もとにも及ばぬ小さなものだった。しかし、こだわりの商品をヨーロッパ調の意匠に包み、世に送りだすという明確な意思で、他二社との差別化は図られていた。福原信三は、日本ではじめて経営にデザイン思想を導入した経営者といっていい。

八角形の二重罫で囲んだなかに描かれる、唐草模様の花椿の花。いまではだれが見ても、資生堂のロゴマークであるとわかる、あのマークを創りだしたのは、その福原だった。

唐草模様。それはパリに遊学していた福原がふと目にとめた古いデザイン画集の中のものだったかもしれない。あるいはアールデコなパリ建築の大理石に彫られた文様に触発されたのかもしれない。

しかし、なにかを真似たからといって、福原や資生堂の美的文化性を卑下することにはならない。自分がこれからつくりだそうとする会社のすべての価値観を、世紀を超越した唐草の文様に集約した福原の独自性。それこそが日本の経営者にはみられない、福原の先見性だった。大正末期から昭和初期にかけての資生堂は、商品の外装も、広告も、そして屋外看板、自社ビル、資生堂パーラーの装飾であれ、すべてに唐草模様を使用した。

資生堂は、日本で最初のコーポレートアイデンティティーを導入した会社といっていいだろう。経営のあり方、進むべき方向、提供すべき商品の品質基準を、唐草模様の同一性におき、社長自らがその筆をとって経営指針としたのだ。

唐草模様は世紀を超越した、世界中で普遍的な模様だ。放っておけばどれも一様に似て差別化のできない平凡なものになる。しかし、それぞれの図案家が自分の感性と資質で唐草模様の曲線を自由に描いていくとき、根底にある美意識を壊すことなく、そこには多様な表現と鮮度が生まれるのだ。あるときはアールヌーボーと、あるときは幾何学模様と組み合わせることで、多様な唐草が生みだされるという大きな利点があった。

活字印刷が主体で、製版技術がまだ稚拙だった大正期。ロゴマークと資生堂という書体のベースはあっても、それは一つひとつ、一人ひとりの意匠部員の手によって描かれた。唐草を扱う意匠部員のそれぞれの個性の多様性は、さまざまな美意識に満ちた資生堂イメージを重層的に構築し、その豊かさの定着に大きく貢献した。

実際、資生堂という会社は創業以来、商売よりも、美意識を優先してきた会社といっていい。『資生堂百年史』を見ると、メーカーならば第一に語られるはずの商品、流通の歴史よりも、広告の歴史が主体となる。日本のなかではめずらしい視点で、会社の歴史が語られる企業である。意匠広告部の社員の入社・退職が細かく記され、広告、商品デザインの担当者の名前をクレジットし、こだわりを見せる。この会社に在籍した営業職の社員は、自分の仕事はなんだったのかと嘆くのではと思えるほど、社史では、創業以来の意匠広告部の仕事が、延々と語られる。

そんな資生堂への誘いだった。山名に断る理由はなにもなかった。

ふたたび山名は東京の土を踏んだ。一九二九年四月、山名は三十二歳になっていた。「広告意匠部といわないで、意匠広告部という。資生堂はなによりも意匠を尊ぶ。今日からは君も、意匠を卑《いや》しめないこと、意匠に殉じること、意匠を第一義とすることだ」

山名が、資生堂入社一日めに、意匠広告部長高木長葉《ちようよう》から言われたのは、そのことばだけだった。山名は高木のいう意匠を、美と置き換えてみた。

美を卑しめないこと。美に殉じること。美を第一義とすること。

それなら自分にもやれそうな気がした。

意匠広告部に届いたばかりの「広告界」の五月号を開くと、沢の新会社設立案内が載っていた。沢は資生堂のスタッフを何人か連れて、明風社というデザイン会社を設立した。彼は自分が退社する際に、後釜として山名を指名したのだ。

設立案内の末尾には「資生堂には沢の後釜として、プラトンにあって山六郎とともに超モダンタイプを創りだした山名文夫が入った。ここで山名は資生堂化するか、資生堂が山名化するか暫《しばら》く拝見の程あれ」と載っていて、山名は思わず苦笑した。

美を卑しめないこと。美に殉じること。美を第一義として、山名はひたすら唐草模様を毎日描きつづけた。福原がしかけた唐草模様にからめとられないためには、なにをすればいいのかを真剣に考え、悩んだ。

そしてだした回答が、プラトン社時代のリーザ、アメリー、アクリーナをみずからいっさい封印することだった。山名にとって挿絵は自分だけの芸術だった。しかし、広告は自分だけではなく、多くの人に受け入れられてはじめて成立する。それが美を第一義とすることだと山名は解釈した。山名は震災後、福原が理想の街として創り上げた銀座の煉瓦街に立つと、そこを行く女性たちを毎日見つめつづけた。街には豊かな「いま」が息づいていた。けっして大阪では見られない異国があった。武者小路実篤が「短髪娘」と揶揄《やゆ》した「モダンガール」「モダンボーイ」がガス灯の横を、柳がゆれるなかを歩いていた。それは山名のまったく知らない新しい女性たちだった。彼女たちは自分の美しさを、いきいきと生きる喜びを全身で表していた。この極端に短髪にした女性たちの自由さと美しさを素直に切り取ろう。山名はその一瞬をすばやく描写した。

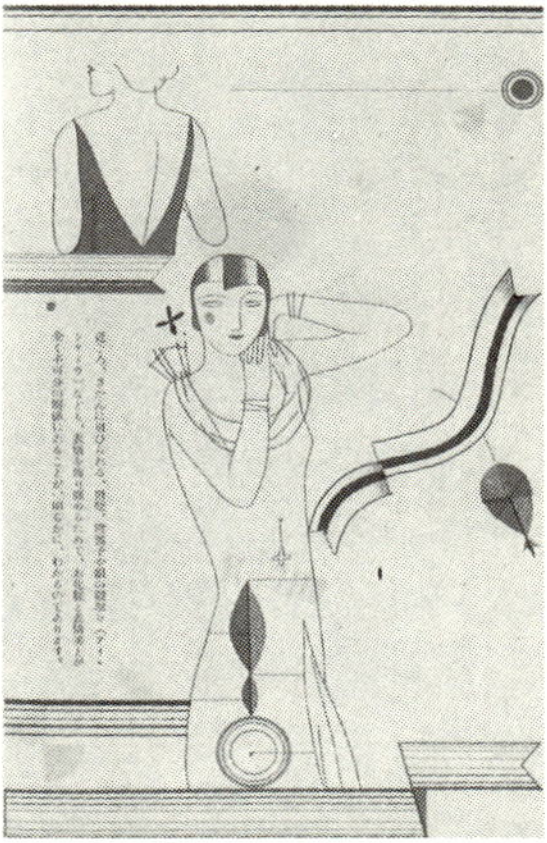 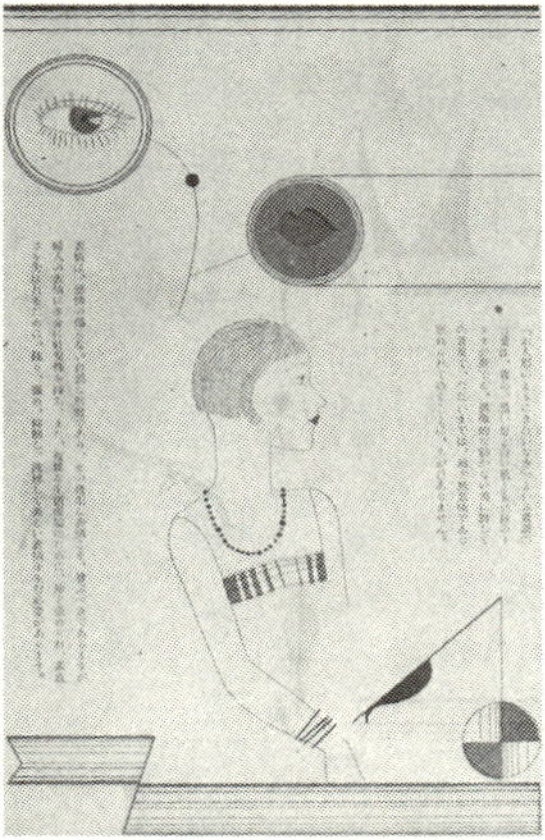

1930年資生堂カレンダー（『山名文夫作品集』誠文堂新光社より）

おもいきり短髪にした淑女を描いた。その淑女の頬に赤いぼかしを入れた。その淑女の指先を華麗に描くと、手元を六重もの同心円で囲った。淑女の手は美術館に飾られた彫像のような輝きをみせた。山名は髪を耳元で一直線に切った女性の横顔を描く。その横に三重罫で囲まれた円の中に、くっきりと瞳を見開いた女性の眼を描き込むと、その横にくちびるだけを大胆に赤く描いた。そしてふたたびそのくちびるを三重罫の円で囲んだ。瞳とくちびるは強い意志をもった生き物のように息づいた。山名は頬に紅をいれた短髪女性をこちらを見すえるように描く。恥じらうように、誘うように。そして山名は、腰のあたりまで深い切れ込みの入ったドレスの後ろ姿を、その横に置く。その背から一本の長い線を引き先端にその背を見つめる視線の小さな円を入れると絵はさらにつやを増した。銀座のガス灯の横に淑女を乗せた馬車を走らせた。しかし、その絵は決して銀座の街角にはならず、幾何学模様と資生堂唐草が奇妙にからみあって幻想的な豊かさをもつ空間へ人々を誘《いざな》った。

福原がめざしたアートで企業を語り、商品を語るという課題に、山名のペンはいつしか見事に応えていた。昭和初期の奇妙な高揚感で浮かれる世の中に背を向け、富裕層だけが手にできる豊かで穏やかな、なにものにも揺るがない贅沢な時間が、山名の描く空間にはあった。

そう、山名は、資生堂という作家を、銀座の街のなかで見つけることになる。山名と資生堂、そして時代との幸福な出合いだった。

山名の絵は選ばれた人々が集うサロンでいつも話題になりつづけた。山名の大きな手から彫りだされる繊細で重厚な唐草模様の化粧品を、彼らは競って買うようになった。資生堂の山名化がはじまり、山名の資生堂化がはじまった。福原がめざした選ばれた顧客の感性と山名の感性が交差した瞬間だった。時代とクリエーターの感性が見事に交差し、うねり、昇華し、スピードをあげて走りながら、時代をひっぱる一瞬が、一部のある幸運な制作者のなかで起きることがある。この時の山名がそうだった。それから二年、資生堂の意匠は美の高みに昇華した。

しかし、その昇華を冷ややかにみている眼があった。意匠に殉じよと言った高木部長が、意匠に殉じようとする山名に対してなにやかや口をはさむようになった。山名は意匠を第一義にしているに過ぎないのに。

そんな確執は、クリエーター同士にはたしかにある。その関係が横並びのときは、その中から突出する才能という意味で確執は生まれにくいが、上下関係のなかで、才能同士の確執が生まれたとき、その関係は崩壊する。

同時にあんなに華麗だった唐草模様も入社三年めともなると、型どおりになり、手先でこなしている感しか山名にはなくなった。毎日唐草を描きつづけても、新しい唐草が自分の指の先から生まれてこない。唐草は昨日の唐草でしかない。唐草は山名に絡みつき、山名は唐草から逃れられなくなった。

そんななかで短髪の淑女たちを描いていると、本当に描きたいのはこんな女たちではない。自分はザザを、ポーリーを描きたいのだという想いがいっそう強まった。

幸福な出合いをはたしたはずの山名と資生堂にも別れのときがきた。

一九三二（昭和七）年、三十五歳の山名は三年勤めた資生堂をあとにして、京橋に「ヤマナアヤオ・アド・スタディオ」を設立した。

しかし山名の独立はうまくいかなかった。満州国が建国宣言をし、犬養首相が射殺される五・一五事件が起き、リットン調査団の報告書とともに日中関係はさらに対立を増していた。「非常時」「挙国一致」が流行語になり、世の中は少しずつ山名の美意識と離反していた。そのなかでの独立は苦しいものとなった。

新潮社から大衆雑誌「日の出」が出て、そのポスターをつくった縁で「日の出」の仕事をつづけたものの、食っていくにはぎりぎりだった。

自分の感性が世の中と十分すぎるくらい交差していると実感できた資生堂時代と比べ、突然自分の感性が機能しない恐怖を山名ははじめて覚えた。この恐怖は、独立をしたものでないとわからないくらい底の深いものだ。山名は自分の才能に疑問をもち、同時に食えない恐怖に震えた。資生堂を退くときに、ほかの化粧品会社の仕事はしないと自分で決めた。しかし、雑誌廃刊後、クラブ化粧品の東京支社長をやっていた元プラトン社の社長中山豊三を、山名は京橋に訪ねざるをえなかった。背に腹は替えられない状態だった。うまくいかないときはすべてが空転する。

クラブ化粧品はそのころ講談社と並ぶ広告費をもち、業界を制圧する勢いで、大型広告を大々的に展開していた。それに比べ資生堂の出す広告は二段四分の一くらいの大きさのものだった。その大きさに慣れていた山名は、クラブ化粧品の大スペースに戸惑ってしまい、なにもできなかった。山名の感性に大きいスペースは機能しなかった。

そんな山名の惨状を見かねた図案家の先輩、太田英茂が、クラブ化粧品と同じ京橋にある、日本工房という会社の社長、名取洋之助を訪ねてみるよう勧めた。

太田に言われるままに、山名は日本工房を訪ねた。自分の事務所に比べ、ひどくモダンなインテリアのオフィスだった。そしてそれ以上に山名を驚かすことがあった。現れた社長の名取は、まだ少年期を抜けきらないような丸っこい顔をし、だれをも安心させてしまう雰囲気をもっていた。二十三歳になったばかりだった。

後から山名が知ることになる名取の経歴は、さらに山名を驚かせた。

慶応義塾普通部を一九二八年に卒業すると、ドイツに渡った。慶応予科に進めなかったのは成績不良のためだった。しかしなんとかミュンヘン美術工芸学校に潜りこんだことが、名取の人生を変える。ウェイヒ教授からバウハウスの思想を学んだのだ。一九三〇年、二十歳の名取は、教授が経営していた織物工場のデザイナーになった。その工場で、九歳年上のエレナ・メクレンブルクと知り合い、結婚をした。彼の才能を発見し、よき助言者として、アシスタントとして、また時には指導者にもなるエレナは、彼に写真家の道を勧めた。

エレナに言われるまま、写真を撮りはじめた名取に好機が訪れた。エレナの撮った火災現場の写真を組み写真にして、名取はグラフ週刊誌を発行する、ヨーロッパ最大の雑誌社ウルシュタイン社に持ちこんだのだ。その実力が認められ、名取はウルシュタイン社の契約写真家となることができた。一九三二年三月、満州国建国宣言とともに同社の特派員として四年ぶりに日本に戻った。十月リットン調査団の報告書が出されると、ふたたび日本と満州取材のために、しばらく日本に滞在することになった。翌一九三三年の一月、ヒトラー政権が誕生した。政権獲得と同時にヒトラーは外国人ジャーナリストのドイツ国内での活動制限をした。ドイツに帰国できなくなった名取は、妻エレナとともに日本に残ることになった。

そしてその年、名取は二十三歳で、木村伊兵衛《いへえ》、伊奈信男、岡田桑三《そうぞう》、原弘《ひろむ》などと共同で日本工房を設立したのだった。

名取が考えていたのは、ドイツで見たデザイン工房だった。広告マーケティングが概念として定着しだした大正期から、日本の広告制作は長い間、内制といって、企業の宣伝部が自社内部で制作する体制が貫かれた。それはいまも資生堂やパナソニック、サントリーなどの一部企業で伝統的に守られている体制でもある。印刷会社のサービスの一環としてデザインを外注するという仕組みはあったが、もちろん、質の高いものではなかった。名取はそんな日本の制作環境下で、大胆にも得意先のデザインを受注するデザイン工房をつくろうとしていた。

名取の父名取和作は鐘紡《かねぼう》をはじめとして、多くの企業に関係する財界人だった。当時、十八歳の少年をドイツに留学させるには、そうとうの財力がなければならなかったはずだ。また名取は資生堂の福原信三をおじさんと言い、両家はかなり近しい関係にあった。そんな父親の縁故と資金を頼りに、名取はデザイン工房を立ち上げたのだ。

そのスタッフとして、三十六歳の山名は二十三歳の名取にフリーランスとして採用された。

主要取引先は、名取の父の縁故で鐘紡だった。山名はプリントデザインのパターンや、銀座通りに面したカネボウのショールームオープンに合わせたポスターの制作に携わった。このとき山名がデザインした、矢印を組み合わせてカネボウという文字を切り貼りした、だれもが知っているカネボウのロゴマークは、同社が二〇〇七年、民事再生機構に吸収され、クラシエ等に変わるまでの六十四年間、変わらず長い間使われた。

しかしカメラマン、デザイナーの共同経営がうまく機能しないのは、このころもいまも変わらぬ事実で、木村伊兵衛たちと興した日本工房はたちまち空中分解した。

共同経営の失敗に懲りた二十四歳の名取はここで、エレナ夫人と二人だけで、自前の第二次日本工房を一九三四年、銀座交詢社ビルに立ち上げた。

だが独力で第二次日本工房を立ち上げてはみたものの、報道写真をドイツに送るだけでは、七、八人のスタッフをかかえた日本工房はたちまち立ちいかなくなった。そこで名取は昔から考えていたことを実行に移すことにした。

名取はドイツにいたころ、日本から送られてくる雑誌や、印刷物のレベルがあまりにも稚拙なため、肩身の狭い思いをしつづけた。ドイツはいうに及ばず、そのレベルはチェコやバルカン諸国のものにも劣っていた。外国にだしても恥ずかしくないレベルの雑誌をいつか創りたいと思いつづけていた。せっかく自分の会社をつくったのだ。あの志をいまこそ実行に移そうと意気ごんだ。日本を海外に紹介する高品質なクオリティーマガジンをつくりだすのだ。松竹の売れっ子図案家に河野鷹思《たかし》がいた。映画広告の制作で毎日忙しいのを承知で、無理やり頼みこみ、表紙と本文レイアウトを手伝ってもらった。

名取は鐘紡社長の津田信吾を訪ねた。徹夜でつくったサンプル誌を前に、海外の雑誌のクオリティーに負けない、日本を紹介する雑誌をつくりたいと熱く語った。

鐘紡は南米、アフリカ、インドなどに製品を輸出していたが、津田には大きな悩みがあった。どこの国にも、日本製品は欧米のものより質が悪いという、激しい思いこみがあるのだ。結果、製品の買い上げを断られ、また買いたたかれる。フジヤマ、ゲイシャだけが日本ではない。近代国家をイメージづける雑誌があれば貿易はもっとうまくいくと、津田は日ごろから考えていた。名取の提案に喜んで経営者として資金を出すことを約束した。

発刊が決まった「ＮＩＰＰＯＮ」のデザインは、サンプル版をつくった河野が、まず当然当たるはずだった。しかし膨大な本数の映画宣伝をかかえた河野に、新刊雑誌を手伝う余力はどこにもなかった。河野に断られた名取は困った末に、日ごろデザインを頼んでいる山名に創刊のすべてを託すことにした。

じつはこの偶然のキャスティングが、山名を後に戦争に傾斜させる大きな岐路となる。挿絵画家をめざしていた時代に、岩田専太郎、竹中英太郎のように、自分の感性と共振する作家と出会えなかった事実が、山名を広告図案の世界に押しだし、河野鷹思の不在により、「ＮＩＰＰＯＮ」創刊のすべてのデザインを山名が担うことになった。そしてこのとき学んだ組み写真構成という方法論が、七年後、国家情宣を制作するにあたって、山名の大きな武器になるとは。頼んだ名取も、頼まれた山名も、そのときはまさか知る由もなかった。

これまでも文芸雑誌をつくってきた山名だったが、グラビア雑誌をつくるということは、いままでの経験を生かせるものでなく、まったく新しい作業だった。

自分より一回り以上若い名取が、山名の教師となった。名取はグラフ雑誌のレイアウトというものを熟知していた。彼は数点の写真を組み合わせることで、ひとつの訴求内容を瞬時に視覚的に見る人々に感じさせることがグラフ雑誌だと信じて疑わなかった。机いっぱいに写真を並べ、使える写真、使えない写真をたちまちによりわけた。そしてどれを大きくし、その横にどの写真を小さく添えるかを瞬時に決めていくのだ。名取によって組まれ、レイアウトされたそれぞれの写真は、全体でまったく違う意味の価値を生みだし新鮮な情報となった。海外向けの日本紹介誌としては、ことばよりも写真の構成で知られざる日本を語り、興味関心を抱かせる必要があった。名取がドイツでウェイヒ教授より学んだバウハウス思想の、それは日本での実践の場となった。当時日本の広告のほとんどは、手書き文字と絵で構成されるものが主だった。写真を使った広告は、森永製菓のデザイナー今泉武治《たけじ》など、一部がやっているくらいだった。しかし、名取の技法は今泉の上をいった。

「ＮＩＰＰＯＮ」の表紙に、姉さん人形の絵を山名に描かせると、そこに自分が撮った同潤会《どうじゅんかい》アパートの白黒の外観写真を組み合わせた。刷り出しがあがるたびに名取は着物の色を変え、アパートの色を変えていった。そのできあがった奥行きのない平面的な表紙からは、結果、きわめて画一的な日本建築と姉さん人形をコラージュしているにもかかわらず、どこか異国感覚あふれる新しい感覚の日本が誕生した。イラストと写真の製版技術を知らなければできないまったく新しいデザインの登場だった。

名取は新雑誌のために自分の縁故者を回り、大量の広告をとってきた。タイプで打った広告文を渡された山名は、広告パターンがひとつにならないよう、さまざまな図案様式を編みだし、多様な表情の広告をつくりだしていった。交詢社ビルを出ると、銀座の明かりはもうすべて消えている毎日だった。

三十七歳の山名は二十四歳の名取から、グラビア構成とドイツ・バウハウスデザインの基本をみっちりと学んだ。美を卑しめず、美に殉じ、美を第一義とするためには、山名のなかで年上も年下の意識もない。中学を出ただけで美術の基本を学ばな

1934年「NIPPON」創刊号
(『山名文夫作品集』誠文堂新光社より)

かった山名にとって、若き名取は、もう一度図案とはなにかを考え学びなおすときの、老成した教師だった。記事や写真のキャプションには英独仏西の四か国語を配することも紙面に多様性をもたせた。

一九三四年十月、日本を紹介する初のプロパガンダ誌として、「NIPPON」第一号誌は創刊された。

名取の妻、エレナのもとには世界各地から問い合わせや注文が飛びこむと同時に、雑誌「NIPPON」を取り上げた新聞記事が送られてきた。「NIPPON」は海外でも好評のうちに迎えられた。

創刊第一号が出た直後、名取は「アサヒカメラ」に、助手募集の求人広告を出した。日本工房の事務所に一人の青年がやってきた。手には求人広告の載った「アサヒカメラ」を持っている。その号には電車の中であくびをする幼い兄弟を撮った、その男の投稿写真が載っていた。袴《はかま》をはいて書生を思わせる男で、名前を土門拳《どもんけん》といった。

以後土門は、日本紹介のための写真を全国に撮り歩き、「NIPPON」で撮った「伊豆の週末」「かんじっこ」などは、初期の土門の代表作となった。

しかし、名取洋之助、土門拳という戦後日本を代表するふたりの写真家は、この出会いのときから、写真への価値観、考え方の違いから対立しつづけた。

名取はこう考えた。写真は芸術でも個人の作品でもない。写真などだれが撮ってもいい。その写真を組み合わせ、ひとつの主張をすることのほうが大事なのだ。上手に構成された写真は、ペンに代わって、はるかに強力に、多弁に、そして詳細に物事の本質を語ることができる。写真はコミュニケーションの手段としてこそ、使うべきものなのだ。

土門拳はそう考えなかった。カメラは道具にすぎず、写真を撮るのは人間であり、思想だと考えた。無署名の報道写真ではなく、自分の個性を剝きだしにした写真を追い求めた。小さな日本工房にあって、ふたりのまったく違う思想は、やがてのっぴきならない対立となっていった。

最初の対立は、土門が日本工房に入社して二年めに起きた。一九三六年アメリカに滞在中の名取は「ＬＩＦＥ」誌に土門の撮った写真を名取洋之助の名前で発表したのだ。このことに怒った土門は、二年後「ＬＩＦＥ」誌から日本工房に依頼された、外務大臣宇垣一成を取材した写真を「日曜日の宇垣さん」というタイトルで、土門拳の名前で「ＬＩＦＥ」誌に掲載した。この事件を契機にふたりの写真家は対立を深め、土門は入社四年後の一九三八年、日本工房を辞めていった。そして師である名取の一九六二年の葬儀にもついには顔を出さず、二人の対立は氷解することなく終わった。

「ＮＩＰＰＯＮ」の創刊以来二年間、名取のもとでみっちり雑誌編集、グラビア構成を学んだ山名にも、日本工房を去る日がやってきた。

高木部長が辞め、若手のデザイナーしかいなくなった意匠広告部をふたたび強化するために、資生堂の福原が、山名を迎え入れたいと言いだしたのだ。

山名はこの申し入れに悩んだ。女性の顔しか描いてこなかった山名に、名取は新しい仕事の目を開かせ、視覚的コミュニケーションのあり方を教えてくれた。そんなやりがいのある職場に山名は満足していた。しかし自分にとって、実家のような資生堂からの復社の誘いを山名は断ることができなかった。名取も「あなたを引きとめては、福原のおじさんにすまない」と言って、山名の復帰を認めてくれた。

山名は至急自分の後釜を探さねばならなかった。だれかいい人はいないだろうかと、自分を日本工房に紹介してくれた太田英茂に聞いた。太田は「なかなか仕事ができる人間なのだが、いま決まった仕事もなく、動きやすい人間がいる」と言って、ひとりの男を日本工房に紹介した。十八歳のときから太田の事務所にいて、太田が「少年図案家のカメさん」と呼んで可愛がっていた男だった。

撮影現場で「少年図案家のカメさん」に会うなり、名取は「パンフレットの表紙をここですぐつくってみてくれ。考えが決まったら、すぐスケッチを見せるんだ」と言った。一日か二日は時間をもらえるものと思っていたのに、その場で考えろと言われ「少年図案家のカメさん」は焦った。スタジオの隅に大きな竹のザルがあった。表紙全体をザルの目のパターンにした。そのまんなかに赤い四角のベタを置いた。そこに黒でドイツ語のタイトルを入れた。

試験は合格だった。名取から採用を言い渡されて「少年図案家のカメさん」は喜んだ。太田事務所を辞めて、勤めることも自営もできず、失業者に近い身で、「ＮＩＰＰＯＮ」をめくっていたのだ。いつか自分もこういう仕事がしたいと思って、ただため息をつく日々だった。名取や山名の名前も仕事ぶりもよく知っていた。その山名の後釜として日本工房に入れるのだ。こんな感激はなかった。

入社試験で描いた図案をもとに、実際のザルを撮影し、その目を大きくトリミングした「ＮＩＰＰＯＮ」があがってきた。その表紙を手で何度も触りながら「少年図案家のカメさん」は感慨無量だった。

「少年図案家のカメさん」は、名前を亀倉雄策《かめくらゆうさく》といい、二十一歳だった。

こうして戦後を代表する日本のデザイナーふたりは、一人は日本のプロパガンダ誌「ＮＩＰＰＯＮ」のアートディレクターとして、そして一人は組み写真の国家情宣のアートディレクターとして、戦争に傾斜していくことになる。

四　資生堂と福原信三

山名文夫が福原信三に請われ、ふたたび資生堂に戻ったのは、世の中が二・二六事件で騒然とする二日後の一九三六（昭和十一）年二月二十八日、山名が三十八歳のときだった。事件後軍部の力が一気に強まり、「北守南進」政策が打ち出される。十一月には、後に「日独伊三国同盟」のもととなる日独防共協定が結ばれ、日本全体が戦争に傾斜していく年だった。

山名が資生堂に復帰すると、福原は嬉しそうに迎え入れた。福原は社長室のほかに意匠広告部にわざわざ自分の席をつくらせ、一日のほとんどをそこで過ごした。いってみれば社長直属室ができたようなものだ。

高木長葉の部長時代には、意匠部に降りてさえこなかった福原だった。一度山名が資生堂を去った多くの理由は、高木の統制的な管理体制にあった。福原もまた高木の統制的なやり方をあきらかに嫌ったのだ。福原が望んだのは、まさに自由な制作環境だった。

福原と山名が直接意匠部を見るようになると、たちまち部の雰囲気がちがってきた。福原は意匠部の直接の決裁を自分でするようになった。山名は管理職になることなく、自ら図案の構想を練った。そしてその精緻な感覚から発想される意匠案は、山名の自らのペンにより、新鮮で重厚な唐草模様に変化していく。若い図案家たちにとって、山名の横でその過程をつぶさに見ることが、なによりの刺激になった。彼らは貪欲に山名の発想と技法を吸収し伸びていった。

社長の福原がいつも横にいるからといって、山名は福原にへつらうことなく、五人の図案家たちとふたりのカメラマンの個性のままに、仕事をさせた。

部員の個々の制作物は、福原が最終的に直接チェックした。しかし福原のことばは決まっていつも「けっこうです」だった。福原は自分の考え方を人に押しつけることを、経営においても私生活でも極端に嫌った。「けっこうです」は相手の心を傷つけまいとする福原の、若い日から身につけたことばだった。部員たちは福原の「けっこうです」ということばの微妙なニュアンスの中から可否を感じ取り、ダメだといわれたのだと理解すれば、ふたたび考え、つくりなおした。

福原が高木長葉に代わって山名をふたたび意匠部に招き入れたのには理由があった。福原は、経営を委ねられて以来二十年近くをかけて、資生堂を高級化粧品会社として育て上げてきた。一九一六（大正五）年に早々とチェインストア組織を全国につくりあげ、固定客をしっかり確保したことが、資生堂の高級化路線につながった。しかしその市場が変わりつつあった。

二十年の歳月で組織と顧客はあきらかに高年齢化していた。この組織をいま一度強化すると同時に、客層の若返りを迫られていた。新しい経営指針をふたたびデザインで示す必要が急がれた。

そこで資生堂は、ふたつの販売戦略の転換を図った。

ひとつは資生堂化粧品部開店二十年を記念した「資生堂花椿会」の結成だった。顧客を個々の小売店に組織化することで、顧客と小売店、小売店と資生堂、資生堂と顧客のトライアングルの良好な関係を築いていこうという施策だった。そしてもうひとつは、一九三七（昭和十二）年十一月、顧客向け機関誌「花椿」の創刊だった。

「花椿」がその時代の常識を覆《くつがえ》して、消費者心理にユニークだったのは、花椿会の無料会員誌としなかったことだ。雑誌「花椿」は花椿会店頭に置かれたが、定価がつけられていた。同時に個々の販売店や販売代理店にも、部数に応じて誌代の一部を負担させた。資生堂と消費者を小売店を介して結び、金銭を払っても、いつの間にか消費者の心の中に、資生堂への企業イメージと商品イメージを身近なものにしていこうという新たな試みだった。アメリカで生活し、アメリカのマーケティングを身をもって学んだ、福原ならではの発想だった。

「花椿」の編集内容はなかなか多岐にわたっていた。扉にはいつも詩が掲載された。堀口大学《だいがく》、室生《むろう》犀星《さいせい》、深尾須磨子、荻原井泉水《おぎわらせいせんすい》、短歌では与謝野晶子《あきこ》、生方たつゑ、佐佐木信綱、俳句は水原秋桜子《しゅうおうし》、飯田蛇笏《だこつ》などで、装画は山名たち意匠部のデザインスタッフがあたった。文芸関係では丹羽文雄、坪田譲治、田村泰次郎、井上友一郎が執筆し、挿絵はもちろん山名たちがあたった。映画や書籍紹介ページの合間に、きものや帯の話をもってきて、さりげなく化粧、結髪や美容相談のページが設けられた。プラトン社や名取のもとで鍛えられた、山名の雑誌編集技術とレイアウト感覚が、「花椿」の表紙から記事のすみずみに生かされたことはいうまでもない。

毎月の編集会議には責任者として福原が直接あたり、山名とともに編集内容を詰めていった。

会員優待の一環として「資生堂花椿会」では、美容をテーマにした「花椿会員の集い」を全国各地で開催した。この「集い」は資生堂美容部の小幡恵津子により企画された。小幡はアメリカで十七年間暮らし、ニューヨークのマリネロ美容学校を卒業後、母校で美容術を教えてきた美容専門家だった。一九三六年秋に彼女が帰国すると同時に、福原が、美容術用化粧品の開発と日本の美容法の改革のために、新たに資生堂美容部を設立し、その責任者として招き入れた人物だった。

一九三七年小幡恵津子により、「資生堂式新美顔術」と銘うった六品目の化粧品が開発された。その中の「カーマインローション」は、日本ではじめての基礎化粧品で、以来いまでも愛用されている。山名がおこした、その唐草模様のパッケージデザインもまた、そのまま使われている。「花椿会員の集い」は、この六品目の化粧品を使いミス・シセイドウによる「資生堂式新美顔術」の実演と美容映画の上映が中心になった。

一九三四年、イーストマン・コダックが世界で最初にカラー撮影を可能にした、コダクローム十六ミリフィルムを発売した。写真家でもある福原はその噂を聞き逃さなかった。さっそくニューヨークに注文してフィルムを取り寄せると、意匠部の写真家井深徴《いぶかあきら》に試験撮影をさせた。撮影したフィルムは横浜から船便でサンフランシスコに送られる。そこからはニューヨーク、ロチェスター市のコダック本社に陸送された。現像されたフィルムはまた同じ経路をたどって帰ってくる。テスト撮影の結果を見るのに二か月もかかった。

福原はフィルムが到着すると同時に、意匠部部員を全員集め、銀座通りの窓の部屋を暗くしてさっそく上映した。撮影は大成功だった。山名はその色彩の鮮やかさに思わず見とれ、興奮せざるをえなかった。このころ映画最新国アメリカといえどカラーフィルムは試作期で、日本人でそれを見た者はだれもいなかった。山名たちが、やがて「総天然色映画」と名づけられる映像を、日本で最初に見た人間になった。

福原は試作映像を見るなり、「花椿会員の集い」でぜひ上映しようと考えた。

総天然色美容映画「資生堂式新美顔術」は、基礎化粧編、洋風化粧編、和風化粧編の三部構成で、一九三七年の夏から撮影に入った。カメラはやはり井深が回した。撮影場所は資生堂化粧品店の三階にある美容部とチェインストアスクールで行われた。山名も意匠担当として、カットを描いたり、ポスターを貼ったりし、現場で忙しく働いた。山名は自分のデザインした容器が一シーンごとに置かれ、カメラが回る現場でいいしれぬ興奮を覚えた。そこには新しいことに没頭している瞬間の、例えようのない緊張感があった。それは美を卑しめないこと、美に殉じること、美を第一義にすることへの限りない挑戦だった。

夏にはじまった撮影も、現像の輸送に時間がかかるため、映画が完成したときにはもう冬を迎えていた。フィルムを載せた船が横浜に着くと、そのまま銀座の資生堂本社二階の意匠部に運ばれ、さっそく上映会がはじまった。各編四百フィートで上映時間は十五分、三編で四十五分だった。

その仕上がりと鮮やかさはすばらしいものだった。映画がはじまると、タイトル絵として山名が描いた、頬に手を当てながら、柔らかく微笑んでいる女性が現れた。そしてそこに自分の手描きした「資生堂式新美顔術」の題字が現れると、山名は息を止めずにおられなかった。山名は、自分がデザインしたパッケージや、ポスターが色鮮やかにつぎつぎと再現されていくのを見て身震いした。思わず涙が出てしまうくらい、感激に震えた。涙を見られないよう暗闇のなかで必死にこらえると、なお涙があふれた。つぎつぎに現れる一カットごとの映像を、固唾を飲んで見入った。上映が終わるまで、だれもなにも言わなかった。最後のフィルムが終わると、だれからともなく大きな拍手が起きた。日本が戦争に傾斜し、重苦しい空気のなかで生活をせざるをえない毎日を忘れさせる、圧巻の四十五分だった。

「集い」では、総天然色美容映画「資生堂式新美顔術」を三班にわけ、巡回上映することになっていた。万が一のことを考え、予備フィルムを一本用意する必要があった。コダクロームは開発されたばかりでプリント技術はまだない。一本のネガからは一本の上映フィルムしかとれない。結果、同じシーンを四回ずつ撮る大変さだ。

しかし仕上がりは、そんな苦労もすべて忘れさせてくれるくらい、すばらしいの一語につきるものだった。山名はこの映画を、自分の描く女性たちだけで埋めつくしたいと何度も思った。

一九三八年の春から、美容映画「資生堂式新美顔術」は「集い」で上映された。映写機はシーメンス映写機を四台輸入した。映写技師が一人しか採用できなかったため、意匠部では写真部員が全員免許を取って、順番に「集い」会場を回った。山名もその現場に何度も立ち会ったが、上映がはじまると、会場中から大きなどよめきが沸き起こった。その声を聞きながら山名は、三十九歳で新しい技術の出現の現場に、立ち会えたことに感謝した。

「集い」は一年をかけて全国を巡回するだけでなく、樺太《からふと》、朝鮮半島各地、満州に及んだ。

映画キャンペーンと同時に、新聞広告の転換も図られた。

ちょっとお高くとまった唐草模様の図案では、若い世代を開拓するのはむずかしくなっていた。新聞広告で、より若い層への訴求転換を図る必要が生まれ、それまでの唐草模様の重々しい広告を変える必要があった。福原の戦略見直しの申し出に山名は喜んだ。

またプラトン社時代の少女たちを描ける。

当時の新聞広告の多くは、四段四分の一というような、ごく小さい枡形の広告スペースが多用されていた。この枡のスペースの内側に、山名はまず資生堂のロゴマークの八角形のバリエーションの横長の枡をつくることで、ほかの広告との差別化を図った。そしてその八角形の枡の中に、山名は愛しのローザやザザやローリーを描きこんだ。カールした髪。ブロンドの髪。ウエーブの髪。その髪を、山名は唐草模様に仕立てることで、イラストレーションの中に資生堂というアイデンティティーを持ちこんだ。唐草の髪に花を挿した。その絵はいちだんと華やいだ。その髪を唐草の三つ編みに編みこんだ。唐草のリボンをその髪にとめると、一章でかかげた第一の図版Aの広告ができあがった。

周りの枡には「奉公日に誓う、日支国交条約成る。戦いはこれからだ。進め心を協《あわ》せて！」「支那事変一周年を歌う懸賞募集。当選歌曲の発表」「謹告。ご趣旨に従い中元大売出し福引は二日限りで中止させていただきますから御了承願います。東横百貨店」「丹下左膳、エンタツアチャコの忍術道中記」と、日本が戦争に傾斜していくことが読みとれる文字が並んでいた。しかもそれらは旧仮名旧漢字の太い活字体か、書きなぐったような非デザイン的な書き文字で飾り立てられていたので、小さな枡のスペースを並べた新聞全面は、なんだか黒く塗りつぶしたようにしか見えなかった。

1938年朝日新聞広告欄（朝日新聞より）

そんなほかの広告の間にはさまれて、八角形の枡で囲まれたスペースに、山名の描く女性の髪が唐草模様に絡んでいた。香水や、資生堂コールドクリーム、資生堂水白粉《みずおしろい》、資生堂過酸化キュカンバーの細いレタリング文字の広告は、だれの目にも目立つと同時に、そこだけまったく異次元の世界が浮かび上がっていた。

出兵兵士を万歳で送りだし、武運長久を願って日の丸の小旗をちぎれるばかりに振って帰った女性たちの疲れた目には、山名の描く優しいイラストレーションの線が、その日のたったひとつの安らぎとして映った。同時に軍部や国民精神総動員委員会の連中の目からすると、それは明らかに国体を軟弱にするものにみえた。

資生堂という会社へ圧力がかかる原因を、山名の広告は明らかにつくった。

一九三七年七月七日、中国河北省豊台で日中両軍が衝突した。いわゆる盧溝橋《ろこうきょう》事件だ。大日本帝国政府は局地解決、事件不拡大を表明した。しかしその表明がどこまで本気だったか疑わしい事実がある。軍部は事件が起きると同時に、資生堂に接触してきたのだ。彼らは衛生面から、大量の石鹸を確保し、中国の戦線最前線に送りつづける必要があった。その数五十八万個。軍部に「局地解決、事件不拡大」の意思はなく、はじめから「局地拡散、事件拡大」の野望に燃え、中国侵攻を企てていた。そして大量の石鹸確保とともに日中戦争は始まった。

社長福原と工場長伊藤定次郎との間で議論があった。福原は内心、心穏やかでないものがあったが、伊藤が「ご奉公のため」と言って譲らなかった。福原は「けっこうです」と答えた。伊藤は福原の言うことばの微妙なニュアンスから、可否を感じ取ろうとはしなかった。資生堂は陸軍へ八月「シセイ石鹸」五十八万個を納品した。「シセイ」は「至誠」と「資生」をかけたものだった。この受注をきっかけに資生堂はその後、大量の「シセイ石鹸」をつぎつぎに製造することになる。

資生堂の売り上げは、これをさかいにして、第二次大戦中の軍需に支えられることになる。女偏の会社が戦偏の会社に変わった瞬間であった。その結果、一九三八年三月期の資生堂の売り上げは、創業以来最高額、最高益を記録する。

実際、好景気は資生堂だけではなかった。電通の『広告五十年史』には、「昭和一三年は戦前において新聞広告の最盛期で年間百万行以上の出稿社は、講談社、わかもと、太陽堂、武長、田辺元三郎、丸見屋、ライオン、文藝春秋、レート、仁丹、藤沢、玉置、味の素、三共、主婦之友、壽屋、花王、桃谷、中央公論、ウテナであった」とあるように、軍需景気に裏づけされて新聞広告を多く出す、資生堂よりもっと好況な会社が多くあった。

だが、軍部の侵攻に踊らされ、浮かれたバブルの歪みはすぐにやってきた。消費の拡大、軍需用品の緊急製造、日本に対する経済制裁が重なり、資材が一気に不足していった。一九三八年、「宣戦なき戦争」支那事変から一年めを迎え、日本は収拾の道を失いはじめる。国家総動員法が発令され、日本が戦争に傾斜していくなかで、企業活動は困難な時代を迎えた。

日中戦争勃発以来、原材料の価格がみるまに上がり、資生堂は定価を値上げせざるをえなくなり、売り上げは急降下した。そこへ、貴金属、写真機、レコードプレーヤー、楽器などに賦課されていた物品税が、四月から化粧品にも十パーセントかけられるようになった。化粧品はまったく売れなくなった。十月、原料不足、容器不足が手伝い、資生堂はなんと化粧品百十四品目の製造を中止する。

一気に経済環境が変わった。資生堂もまた海外に侵攻するしかなくなっていた。

三月には、資生堂天津販売が発足した。「セールスガール」という国内での対面販売方式を台北《たいほく》、京城《けいじょう》、奉天《ほうてん》でも展開し、現地で採用した女性販売要員を、本社で教育養成したあと現地に配属した。同時に秋には台北郊外に、香料植物の栽培と研究を目的にした資生堂農園を開設した。自社生産のための香料材料を、将来的にも自給自足でまかなうためだった。

なんのことはない、日本の侵攻と時を同じくして、資生堂は海外に出ていった。『資生堂百年史』はいう。「国家の存亡のかかった第二次大戦を軍需に支えられて生き抜くことができたのである」と。

一九三九年一月八日、代々木練兵場での陸軍観兵式に参加した百五十台を超える戦車が、銀座通りを示威行進した。山名たちの意匠部は、その銀座通りに面した資生堂本社二階にあったが、迷彩をほどこした車体とキャタピラーのすさまじい音が、山名の描く女の顔に襲いかかった。

三月には「宣戦なき戦争」の戦線は華南《かなん》の海南島《かいなんとう》、華中の南昌《なんしょう》にまで延びた。五月、ソ満国境では大規模な軍事騒動としてノモンハン事件が突発し、その火の手は九月まで上がりつづけることになる。

四月、前年の四月に化粧品にかけられた物品税がさらに五パーセント上がって、十五パーセントになった。五月には「金の買い上げ」「鉄商品回収」運動がはじまった。そんな時局に対応して、資生堂では「花椿会物資愛護運動」と称して、顧客の会員に使用済み容器を販売店に返却することを義務づけた。

「時局」の進展にあわせて、「花椿」もその内容の変更を迫られていった。資生堂が派遣した文芸慰問団のスケッチや文章が巻頭を飾った。取材記事も内容が変わってきた。満州女子拓務研究所、日本赤十字軍の従軍看護婦養成所、戦争未亡人の母子寮と、誌面は「戦局」化していった。また満州移民、海軍少年航空兵、日本海軍などの記事が陸軍報道部から持ちこまれてきた。彼らは「花椿」を、女性たちに軍事思想を普及させる絶好の場としてとらえたのだ。

山名はもう女性の挿絵を描くことを、許されなかった。福原と山名は、軍国化していく自分たちの雑誌の編集を、ため息をつきながら進めた。編集会議に飽きて銀座通りに目をやると、紺色の軍服に白いゲートルを巻いた兵士たちが、海軍旗を銀座通りいっぱいにはためかせながら行進していた。行進をながめる市民たちが、日章旗の小旗をちぎれんばかりに振り熱狂する。兵士たちはそれに煽られるように隊形を変換し、道幅いっぱいに広がり、そして大通りを横に行進し、さらに市民の心を熱くした。海軍軍楽隊の演奏する「軍艦行進曲」が、銀座中に鳴り響いた。五月二十七日、その日は海軍記念日だった。

七月、国民徴用令が公布された。国民を国家が自由に兵士として召集できたように、徴用とは国家が自由に戦争遂行のために必要な人材を、軍需優先の職場に徴収できるというものだ。これにより、国家活動が企業活動より優先されることになった。資生堂の石鹸工場には徴用工がふえていった。

九月十八日、あらゆる商品の価格がこの日をもって凍結されることになった。強力な物価施策が抜き打ち的に実施され、企業活動は国家の統制下におかれることになった。すべての商品には丸印の中に「停」の字が押された。

資材の供給が困難になり、戦時色がだんだんと濃厚になったとはいえ、資生堂の業績は前年対比百六十パーセントと躍進した。軍需「化粧品」産業として国内五十支社、台湾・朝鮮・樺太の外地に四支社、満州・中国に八支社の販売拠点をもち、さらに日本の侵攻に対応して、中国華南に販売会社を設立する用意をはじめていた。資生堂は大日本帝国の海外侵攻に呼応し、戦線の広がる先に、販売拠点を拡大することで、売り上げを伸ばした。軍需会社資生堂にあって、もう山名の描く女性は不要だった。

山名は、当局や好戦派の人々を刺激し、企業の存立さえも危うくすることだけは、避けたかった。女を描けなくなったいまは、時局に対応したことばを使うしかなかった。

日本の華北・華中への侵攻にあわせて、高級化粧品「資生堂ドルックス」のコピーを「舶来品を凌駕する」とした。翌一九四〇年、イギリスの同地からの後退と対応して「舶来品を完全に制圧した」と変えた。しかし高級化粧品ではなんとか時代性をだせたものの、なんとも厄介なのは歯磨きやシャンプー、一般化粧品のコピーだった。「資生堂歯磨」のキャッチコピーを「強い白い歯を作る」と書いた。「強い」という文字を太く、濃くしてみた。だが山名は、自分でもだからなんなのだと思うしかない。「清らかな髪／清らかな心／自然の髪艶《つや》をます」（資生堂シャンプー）、「簡素の中の／美しさ／健やかさ」（資生堂スキンローション）、「慎ましく／春らしく」（資生堂ゾートス化粧品）と書いた。だが「簡素」「慎ましく」では化粧品として、なんの魅力も説得力もなかった。「贅沢は敵だ」「八紘一宇」「撃ちてし止まむ」という勇ましい標語が氾濫するなかで、資生堂も自分も、もう時代から取り残されようとしていた。山名は一日机に向かっていても、自分のやっていることがどこにも届かない不安を覚え、毎日疲れきって帰宅した。

一九四〇年七月十日、成城の家に帰ると山名はさっそく「東京日日新聞」の夕刊を手にした。その日は、昨年の十月からはじまり、連載中から世の中で大評判になっていた、川口松太郎の「蛇姫様」の最終回の日だった。

もちろん挿絵は岩田専太郎だった。川口の「琴姫は関東諸大名中では並ぶ者もない美人といわれ、ご城下住民の尊敬を集めた」という一文に対し、岩田は細い線で極端にクローズアップした琴姫の横顔を、浮世絵のように華麗に描いていた。

それは新聞挿絵の白と黒のコントラストを十分に計算したもので、山名は連載中からその美しさに息を飲まされつづけてきた。

「志賀蔵の右腕は折れんばかり。伊四郎が清二郎の向こう脛を長い丸太で叩きつけた」という川口の一節のなかでは、のびのびと動きまわる主人公たちは、岩田の筆により、いちばん動きの美しい一瞬で止め置かれ、そこにいつまでも静止していた。

「蛇姫様」の評判は、川口の語りのよさ以上に、暗い時代を忘れさせ、毎日さまざまな妖艶美に満ち満ちた浮世絵世界を、これでもかこれでもかと見せつけてくる岩田の、華麗な筆さばきにもあった。

戦争に向けて華麗なものがすべて排除され、世の中が暗く悪化するなか、この半年、山名は夕刊を開くたびに、「世の中がどう変わろうとも、娯楽は娯楽だ」と開き直り、大見得を切る岩田の啖呵《たんか》に、自分の内心を揺り動かされつづけてきた。川口が現代小説を連載し、そこにこれほどまで華麗で妖艶な女性を描いていたならば、即刻検閲にひっかかり連載は中止になっていたことだろう。それは、江戸時代という異空間だからこそ許される、妖艶美の世界だった。そこには時代と並走しないものだけがもつ、永遠の強さがあった。

この半年、山名が内心を揺り動かされながらも、毎晩楽しんできた川口と岩田による「蛇姫様」が終わることは、ふたりが紡ぎだす異空間に漂うことさえ許されない時代が、もうそこまで来ていると、暗示させた。

恥ずかしそうなお島の肩を軽くたたいて十蔵も、心の底からほほえんだ。

姫のお乗物は、もう城下を離れたであろうか。秋立つ朝の高原の空が、くっきりとすみ渡って、毘沙門山の頂を、流れ鳥の一むれが、東をさして流れるのだった。

最終行を読み終わり、ページをめくると、そこに山名がつくった「撃ちてし止まむ、資生堂歯磨」という、文字だけの二段七分の一の小さな広告が載っていた。たしかに自分の手が紡ぎだした「撃ちてし止まむ」という文字だった。

しかし、それはじつに弱々しかった。あんなに最大の神経を使いはたして書いたにもかかわらず、柔らかく回りこむ「ち」「し」「む」などの明朝体の筆さばきは弱い。

広告になっていなかった。山名は時代と自分の距離が離れてしまったことを、痛切に実感した。あの総天然色美容映画「資生堂式新美顔術」の完成試写会の日に、時代の最先端にいる幸福を感じ、自分の描く女性たちをこの総天然色の世界に封印できたらどんなにいいだろうと願ったのに、もうそんな夢もはたせるはずのない時代が確実にきていた。あの高揚感につつまれた日からまだ二年しかたっていないというのに、山名はとんでもなく遠いところまで歩いてきてしまった気がした。ただただ山名のなかに空洞が広がっていく。新聞を持つ手が細かく震えた。

そんな山名のもとに、一九四〇年の九月二十日、ふたりの男が訪ねてきた。

新井静一郎と今泉武治のふたりだった。森永製菓の宣伝課の今泉とは、デザイナー仲間の会合で何回か顔を合わせたことがあって、親しい間柄ではなかったが、顔見知りだった。

「森永製菓の宣伝課の新井です」

と名乗った男とは初対面だった。そして今泉が切りだした話は、山名が考えたこともない話だった。山名はその話に一気に傾斜していった。

そしてふたつめのポスターをつくり、ふたつめの文章を書くことになる。

五　森永製菓と新井静一郎

山名文夫が三十五歳で自分のスタジオを設立し独立した一九三二（昭和七）年に、新井静一郎は慶応大学経済学部を出た。その年はたいへんな不況で、大卒といえど就職難のときだった。銀行や商社の採用試験を受けてはつぎつぎに落ち、腐りきっている新井のところに、森永製菓でも試験をやるらしいという話を友達が持ちこんでくれた。この不況時、とにかく職につくしかない。新井は、森永製菓でも明治製菓でも、入れるならどこでもいいと、試験会場の丸ビルの本社に向かった。

試験官が「今日の試験はふつうの社員をとるものじゃない、アドライターを採用する試験である」と言った。新井は「はて困った」と思った。アドライターとはいったいなにをする仕事か、皆目見当がつかなかった。森永チョコレートの文案を書けと言われて、ますます困った。なにを書いたらいいかまったくわからない。そういえばチョコレートをはじめて食べたときに、こんなおいしいものが世の中にあるのかと思い、手の中の紙包みを何度も見た。あの日の感激をそのまま書くしかなかった。

「お手にとって先ず銀紙をお開き下さい。その色、その光沢。次にその一片を舌の上にお乗せ下さい。その香、その感触。それから口の中で充分にお味わい下さい。その味、その情熱」

面接でなぜアドライターをめざしたのかと聞かれ、またまた新井は戸惑った。めざすも何も、どこかに潜りこめればと、藁《わら》にもすがる思いでやってきたにすぎない。しどろもどろに答えながら、またこれで落ちたなと思った。もう丸ビルにくることもないだろう。記念に丸ビル一階にある森永キャンデーストアに入って、やけのようにアイスクリームを食べた。

ところが森永から採用通知がきた。それも採用は新井一人だという。喜びよりも驚きのほうが大きかった。

入社した森永製菓宣伝課には、小池富久、野石祐晴、今泉と三人のデザイナーがいた。小池、野石がキャラメルのデザイン担当で、今泉がチョコレートの担当だった。

今泉武治は明治大学商学部を、新井の二年前の一九三〇年に出て、デザイナーになったという変わり種だった。学生時代から、本郷の太平洋画会でデッサンの勉強を五年もしていた。極東選手権大会のポスター募集が一九三〇年にあり、二等に入選した。そのポスターを見たデザイン課長小池富久が、森永にひっぱってくれたのだ。

今泉は「この文章はいい」と新井の入社試験答案をほめた。そのまま広告にしようとなった。おかっぱの少女がチョコレートを手のひらの上に乗せ、大事そうにみつめている写真を撮った。今泉はそのチョコレートと少女の視線の間に、大胆に大きく「森永チョコレート」のロゴを置いた。そして本文は二十字、十二行で納めるように書いてくれと、新井に平然と頼んだ。

今泉に言われるまま、本文をきっちり字数どおりに書き上げることはたいへんなことだった。何度書いてもはみだしてしまう。たりなくなってしまう。「あんないい見出し文が書けるのに、なぜ本文を書けないのだ」。新井は今泉に怒られて小さくなった。ほらちょっと貸してみろ。今泉は新井の書いた本文に赤鉛筆で朱を入れていった。それはたちまち今泉の言うとおり、二十字、十二行にぴたりと納まってしまった。

新井は今泉に広告の基本を一からたたきこまれた。今泉はわずか二年先輩にすぎなかったが、学生時代にデザインの勉強をきっちりやっていたので、もうベテランの域に達していた。今泉はそれまで図案や絵が中心だった広告に、意識的に写真を持ちこもうとしていた。

「チョコレートはキャラメルと違って、時代そのものなんだ。チョコレートを手にするだけでモガ、モボになった気になるだろう。そんな新しい時代の新しい商品を担当できる幸せを感じなくては。それには時代を見ることだよ。徹底して映画を観れば時代はわかるし、チョコレートの広告はつくれる」

商品と時代のかかわりを最初に教えてくれたのが今泉だった。

たしかに今泉の言うとおりだった。流行のなかにチョコレートを添えるだけで、チョコレートそのものが時代の寵児《ちょうじ》にみえた。チョコレートを置くシーンを、映画を観ながら必死に探した。新井は、学生時代と違った視点で映画を観ている自分が、不思議だった。コピーをどう書けばいいかは、だれも教えてくれなかった。映画の惹句《じゃっく》を自分で書き写してみるしかなかった。なるほど人の心をつかむというのはこういうことか。新井は「制服の処女」「出来ごころ」「隣の八重ちゃん」を観て、その広告文章を書き写した。そうやって新井は、人の心をつかむ方法論を身につけていった。

広告とはこんなにも人を動かすおもしろい仕事かと、新井が最初に実感したのは、入社してすぐにまかされた森永スィートガールの募集広告だった。スィートガールとは新製品の発売時や特別セールのときに、全国の森永製品販売会社や、キャンデーストア、百貨店などに出向いて販促の手伝いをするほか、広告にも登場する、森永専属のイベントガールだった。その条件は「円満厳格な家庭に育ち、明朗華麗な容姿を備え、かつ近代的な感覚を有する高等女学校卒以上の十八から二十歳の女性」に限られた。その他厳格な細目が三十項にものぼった。募集要項を書いている新井さえ、はたして世の中にこんな女性はいるのだろうかと思うくらい、厳しい条件だった。

しかし新井の心配をよそに、六百名もの応募があった。そのなかから五名のスィートガールが誕生した。選ばれた五人の写真は、今泉がいつも組んでいるカメラマンの堀野正雄によって撮影された。ポスターはキャンデーストア店頭に貼ると同時に盗まれた。彼女たちが立つ百貨店には大勢の人が押しかけた。それを報じる新聞は、写真の横に「お菓子を通した社交界の麗人」という文章を添えて称えた。なかでも五人のスィートガールのひとり、桑野通子に人気が集まった。森永の広告に出演するだけでなく、映画女優としてデビューもはたしたので、森永スィートガールの人気は不動のものとなった。応募数も年々増えつづけ、一九三七年には三千九百名の応募を誇るまでになった。

世の中を動かす広告の力を入社早々に知った新井は、時代に即応したしかけづくりこそ大切なのだと悟った。広告デザインではとても今泉にはかなわない。だが、時代と商品のかかわりをつくり、しかけることなら、自分の得意とするところだ。自分はしかけづくりで、今泉に伍していこうと決意した。

新井が森永に入って一年が終わった。映画はトーキーの時代に入り、活況を呈していた。新井は朝日新聞の連載で話題になっている、久米正雄の「沈丁花《じんちょうげ》」の映画化を思いついた。監督、出演者を人気投票で決めるのだ。撮影がはじまったら、森永の鶴見工場と松竹蒲田撮影所を見学するツアーを募集しよう。朝日新聞と松竹に話を持ちこみ、タイアップキャンペーンをしかけると、たいへんな人気が集まった。つぎに森永チョコレート五十銭ぶんの包装紙を集めて応募すると、日比谷新音楽堂で開催される山田耕筰、藤原義江らのプロムナードコンサートに招待するキャンペーンをしかけた。若い人たちの間でたいへんな人気を集め、日比谷新音楽堂は若者たちであふれかえった。

森永製菓は世の中が不況にもかかわらず、積極果敢な広告を大々的に展開することで、売り上げを伸ばした。同時に、世の中のモダン志向とチョコレートの新しい感覚がフィットし、時代を代表する企業と商品の位置を完璧に確保した。

入社早々に新井は、時代のなかに商品を置き、時代と並走させながら商品の人気を加速させる術を、肌で覚え身につけた。やがて世の中の雲行きが慌ただしくなると、なんの躊躇《ちゅうちょ》もせず、その流れのなかに商品を置いた。徐々に強まる戦時色のなかで、商品を語りはじめた。

一九三四年、身長二メートル十三センチの元関取をお菓子の国の陸海軍大臣「キャラメル大将」に仕立て上げた。「森永キャラメル大将来る、手の掌にキャラメル十個のりますか」という来訪告知広告を打ちながら、全国だけでなく、朝鮮、台湾、満州にまで巡回させ、人気を集めた。

街では出征兵士の壮行会が行われていた。万歳、万歳の声。日の丸に武運長久の墨文字。その周りにみんながそれぞれ寄せ書きを書いている。その群集の端に立っている女性に、新井はふと目をやった。女の老いた小さな背が震えていた。出征する兵士の母親なのだろう。兵士を送る人々は「お国のために、天皇陛下のために立派に死んでくるように」と万歳するが、その母親はわが子を死なすために育てた覚えはないはずだ。人前で声を殺して泣きつづける老母を見ながら、新井は田舎に残した母親のことを思った。自分がもう少し若ければ、この青年のように徴兵され、万歳の声に囲まれ、戦場へ向かわなければならなかったのだ。そのとき母は、同じように肩を震わせたことだろう。世の中が徐々に軍国調になるなかで、それをいちばん嘆き悲しんでいるのは母親たちではないだろうか。

この母をまんなかに置くことで、心温まるしかけができると新井は考えた。キリスト教会や婦人団体が行っている母の日を大々的にしかけるのだ。少しは世の中の役に立つかもしれない。趣意書に新井は「森永母の日、それは母を讃え、母に感謝し、母を護り、母を憶ふ日」と書いた。西条八十を審査委員長に「母を讃える歌」を募集すると、全国から一万五千通もの応募があって、新井は「森永母の日」は絶対に成功すると確信をもった。

母上は　荒野の野ばら　ひねもすを
風にさらされ　けなげにも
露を含みて　匂いたまいぬ

とはじまる当選作が、古関裕而《こせきゆうじ》により作曲された。

一九三七年五月八、九日の二日間、第一回「森永母の日」が開催され、全国の森永ベルトラインストアには「ありがとうお母さん。母は国の柱」という垂れ幕がかかげられた。東京では豊島園に二十万人もの母親を招待して盛大な催しが行われた。それはやがて日本だけでなく、大連《だいれん》、台湾でも開かれる年中行事に育っていった。

同年七月の盧溝橋事件以降、一気に戦時体制を敷く日本に呼応するように、森永は「子どもたちの森永」から、「兵隊さんの森永」へ移行していった。

「配給」の名のもとにはじまったさまざまな経済統制に対して、森永は代用食の乾パンを売りだした。新井は「銃後の備えはまず健康。登山ハイキング、野外教練などに最も好適な携帯食品です」と書いた。

陸軍省は兵士の士気高揚のために、東京の女学生二万二千人に慰問袋四万個の製作を依頼した。新聞には慰問品としてどんな品が喜ばれるか、特集記事が組まれた。その一位には「菓子類でいずれも缶入り」が選ばれた。食べたあとも、缶は銃の手入れをする油布の容器にぴったりなのだ。

新井はそんな時代の空気と呼応するように、「兵隊さんありがとう。慰問袋にはキャラメルを入れて兵隊さんに元気をつけてあげましょう」「皇軍を慰問しましょう。森永の菓子五十銭以上お買い上げの方に慰問袋を進呈します」と書いた。黄色い缶入り森永ミルクキャラメルには、高杉早苗、高峰秀子、桑野通子、田中絹代のカラーブロマイド写真を入れた。慰問袋キャンペーンは、中身を詰め全国四千四百軒の森永ベルトラインストアに持ちこめば、森永がとりまとめてその慰問袋を軍に届けた。またたくまに菓子類の売り上げは五倍に上り、慰問袋の製造が間に合わなくなった。

一九三七年九月二十九日づけの「週報」にこんな記事が載った。

「内閣情報部においては今回行われる国民総動員を機として、国民が永遠に愛唱し得べき国民歌を作ることとなり、次の規定に依って、汎《ひろ》く帝国国民より愛国行進曲を募集する」

新井はその記事を読むなり、これはおもしろいと思った。なにより国が音楽を使って国民の意識をひとつにしようという試みに新しさがあった。だれが考えついたのか、新井はまず調べてみることにした。

一九三一年の満州事変勃発につづき、日本は翌年三月満州国の建国宣言をした。それに対し国際連盟が、リットン調査団を満州に送りこんできた。日本は中国における自国の立場を明確にすると同時に、満州での国益の確保と国内の世論形成強化の必要に迫られていた。一九三二年九月十日、外務省内にある組織が非公式につくられた。官報に載ることもなかった。その組織の名前は「情報委員会」と名づけられた。

第一次世界大戦が終わって以降、外務省は、大戦について書かれた海外書物を収集しつづけた。語学堪能者を集めその翻訳を積み重ね、長い時間をかけて、勝戦国、敗戦国の分析をしてきた。

結果、第一次大戦時においては勝戦国、敗戦国の間の軍事力にはあまり差はなかったということがわかった。勝敗を決したのは対外的宣伝力の差だった。近代戦では宣伝こそが強力な武器になると知り、情報委員会は驚愕した。特に勝戦国アメリカの宣伝活動を徹底的に分析した。またイギリス、アメリカ、ソ連における、国家と協働した通信社のはたした役割に注視した。それらの分析に学び、まずそれまであった日本電報通信社の通信部門を分離して、同盟通信社を発足させた。対外的宣伝対策は国と同盟通信の協働で行うことにした。同時に国内的には、極秘裏に内閣情報委員会を設置した。非公式に配布した内部文書には次のようにあった。

「内閣情報委員会の中央機関に於いては、宣伝に関する方針を確立し、これが実施を統一するほか、政府当局または権威者の声明ないし談話の発表、在京外国使臣との連絡、報道機関の操縦、英、仏、西語などのパンフレットを調整配布する」。また「満州機関に於いては現地の実情報道、報道機関の操縦など、とくに満州国の宣伝業務を指導し、支那本土より分離独立するのやむなき事情を中外に宣明する」

この一枚の内部文書をもとに、内閣情報委員会は内々のうちに五年間活動をつづけてきた。しかし二・二六事件以降、一気に世情が不安定になった。天皇制システムのもと、ゆるぎない大日本帝国の建設が急がれた。そのためには、早急に国民の心をひとつにするための世論形成が必要になった。盧溝橋事件がその必要性を加速した。秘密裏に情宣活動を日本と満州で行っていた組織は、一九三七年七月国民の前に突然その姿を現した。

それまでの情報委員会は、横溝光暉《みつてる》を内閣情報部長として、正式に内閣情報部として発足した。新組織はさっそく、「内閣情報部は何をするところか」という文書を配布し、その実態を明らかにした。

その文書の最初には、「帝国の内外に対し真意の徹底、政策の普及を図り、輿論《よろん》の形成に努めるのが政府の行う宣伝の本意」であり、そのために内閣情報部を設置すると書かれていた。

第一次大戦で戦力的にかならずしも負けていなかったドイツが敗れ、イギリス、アメリカが勝利をおさめた原因の多くは、宣伝戦の優劣にあったと分析し、いまや兵器以上に重要なのは国内外における自国正義の宣伝だと位置づけた。そのため対外宣伝は今後、内閣情報部と通信機関の協働で積極的に行っていくことにした。

同時に、国際関係での宣伝戦だけでなく、国内的にも、もっとも重要な地位を占めるのが宣伝だととらえた。その宣伝の根本理念は、国家の大目的をはっきりさせて、進むべき目標を国民に提示するとともに、国民の知識を啓発し、健全な世論を培《つちか》うことにおいた。「現代の政治は知らしむべし、依らしむべし」をスローガンに、内閣情報部の発足と同時に、「週報」を発刊した。

また「国民の精神的団結と国民精神の作興を図ることが肝要」として、「肇国《ちようこく》の大理想を顕揚《けんよう》し、東亜新秩序の建設を期し、大いに国民精神を昂揚し国家総力の充実発揮を期し、一億一心各々がその業務に精励し奉公の誠をつくさんことを期し」て、国民精神総動員実施要項を発表した。

「国民精神総動員」は「挙国一致」「尽忠報国」精神の世論形成をめざして、内閣情報部内に外郭団体「国民精神総動員事業部」を設置した。

国民精神総動員事業部の最初の仕事は、精神総動員運動のテーマソング「愛国行進曲」を広く公募し設定することだった。そしてその募集要項を「週報」に掲載したのだった。

新井は永田町の坂を上りきると、ちょっと緊張しながら、こんもりした森の中にひっそりとたたずむ内閣情報部の扉を開けると、恐る恐る切りだした。

「先般発表になった愛国行進曲の募集についてご協力をさせてもらいたいのですが」

まさか民間人が協力を申し出てくると考えてもいなかった内閣情報部では、さっそく国民精神総動員事業部に引き継ぎ、小松孝彰事業部長のもとで音楽担当をしている京極高鋭《たかとし》が、新井の申し出た案件の担当者となった。

話はとんとん拍子に進み、森永は国民歌歌詞募集の広告を十月四日には打つことになった。

「生れよ！　永遠の日本国民歌！　挙って応募しましょう！　全日本の愛用者の皆さん！　森永ミルクキャラメル　愛国行進曲懸賞募集、内閣情報部」と新井は書いた。

森永製菓の販売店を通して集めた応募作詞原稿を、新井は京極のもとに、どさりと持ちこんだ。今回の国民歌歌詞募集公告の森永側の協力に対して、京極の上司である小松事業部長もわざわざ出てきて、感謝のことばを新井に述べた。

応募総数はなんと五万七千五百七十八作も集まったのだ。内閣情報部がはじめてしかけ、国民精神総動員事業部が実行した、世論形成策の第一弾は大成功に終わった。

多数の応募作の中から森川幸雄の作詞したものが選ばれた。

見よ東海の空明けて
旭日《きよくじつ》高く輝けば
天地の正気溌溂と
希望は躍る大八洲《おおやしま》
おお晴朗の朝雲に
聳《そび》ゆる富士の姿こそ

1937年森永製菓広告（朝日新聞より）

金甌《きんおう》無欠揺ぎなき
わが日本の誇りなれ

内閣情報部はこの愛国行進曲を著作権フリーにしたため、レコード各社は競うようにしてレコード化を進めた。結局二十曲近いレコードが発売され、夜ごとラジオから流れ、だれもが盛んに歌った。なかには「見よ東条のはげ頭」と歌う輩も現れた。新井はなんだか自分が作詞したような気分で「見よ東海の空明けて」と口ずさんだ。

新井が考えたことの一つひとつが、時代とたしかに交差し、大きなうねりとなって返ってきた。新井は時代と並んで走る快感を覚えた。

しかし戦争の長期化とともに、森永の経

営も徐々に行き詰まっていった。

一九三八年五月の国家総動員法の施行につづいて、七月、物品販売価格取り締まり規制、九月、石炭配給統制規制と規制が矢継ぎ早に強まり、物資もエネルギーも自由消費が不可能になった。

日中戦争の長期化とともに、統制経済が強化された。代用食として一時は好調の兆しをみせていた乾パンや、栄養補給食として注目を集めたビタミンビスケットの販売も、日中戦争の長期化とともに、すぐに下火になった。森永では原材料そのものの確保ができなくなり、生産ラインは極端に縮小された。それまで大々的に全国で展開してきた森永の各種広告キャンペーンも、広告費の大幅な見直しでほとんど行われなくなった。

同年、スィートガール募集キャンペーンは中止された。

そしてとどめは、一九四〇年に施行された菓子公定価格の制定だった。それまで菓子業界全体で八百品種以上を数えた商品群は、わずか十九品種に絞られ、あとは製造中止となった。しかもそれらは配給制度の流通に乗り、家庭にわずかの甘味品として配られたため、宣伝課の仕事は日を追って少なくなった。ビスケットの生産は軍用に六割、一般家庭の配給に四割が指定された。全家庭に配給されるビスケットの量など、わずかだった。だが戦線最前線ではすぐに主食にも事欠く状態となった。乾パンが主食の代用品となり、ビスケットの原材料はどんどん乾パンの原料に回された。とうとうビスケットの生産は中止になった。やがて軍需特需で潤おうにも、原材料が手に入らないため、乾パンさえつくれなくなった。先を見失った森永は急遽森永薬品を創設、胃腸薬スタウトの製造に乗りだした。新井たちは慣れない薬品広告を担当することになった。

そんなある日、新井は常務から呼ばれた。社内ではいろいろな噂が渦巻いていた。統制で配給商品しかつくれない会社に、宣伝課を置いておく必要があるのかという議論だった。新井は覚悟を決めて常務室のドアを開いた。話は新井が考えてもいないものだった。宣伝課長代理の任命だった。

販売会社の手前、宣伝を一時停止するかのような印象を与えるのは得策でないと、森永の上層部は判断した。これからはまだまだ企業の選別と切り捨てが行われるだろう。今後も統制商品、配給商品指定会社として、あるいは軍需用移動食の指定会社として生き残る必要がある。そのためには、いかに森永が社会に寄与し、世間が森永を必要としているかを広告で訴える必要があった。宣伝課は縮小されたが、なんとか生き残ることになった。

新井は新しい宣伝課の責任者として、数少なくなった課員を前に話した。

「いままでは、もしかしたらわれわれは商品の奴隷となって働いてきただけかもしれない。これからは、森永全体を売っていく大きな仕事になる。そのためにはわれわれの宣伝技術をもっと高度化していく必要があると思う」

今泉も神妙に新井の話を聞いていた。しかし、話している新井が納得してはいなかった。商品はどんどん製造中止になっているのだ。ものを売ることをあんなに楽しんできたのに、その売るものがない。今度は世の中に会社を売ろうと、課内を鼓舞し、自分を奮い立たせてみても、しょせんは軍事需要をどう受注するかなのだ。それは広告が関与しなくても、軍部上層部とのつながりの深さで決まる問題だった。

新井のなかに空洞ができていた。このままでは取り残されるという不安が広がった。数多くの仕事をかかえ、反射能力を高めるように仕事をこなしてきたのだ。毎日何案件もの仕事を同時にこなすことに快感さえ覚えてきた。だが週にほんのわずかの仕事量しかもうないのだ。それも慣れない薬品広告に手を焼く毎日だった。このまま仕事がじり貧になり、自分の中で育った広告企画力が枯れはてるのではという、恐怖と不安がただただ広がった。

ほんとうなら課長代理として新しい組織を委ねられ、張り切らないといけない時なのだ。それがなにもできない。なにも動くことがない。

自分の技量をなにかの役にたてたい、なにか熱くなれるものを探したいという想いが新井のなかで芽生え、そして具体化していくのに時間はかからなかった。

宙ぶらりんな新井の気持ちと同じように、いつまでもうっとうしい梅雨がつづいていた。そんなある日、新井の心の奥を見透かしたかのように、一通の封書が舞いこんだ。

差出人は、内閣情報部国民精神総動員事業部部長小松孝彰となっていた。三年前に「愛国行進曲」でタイアップを申し出たときの、精動本部の責任者、小松事業部長だとすぐわかった。あのときは森永の協力で応募作詞数が伸び、小松にたいへん感謝されたのだ。それにしてもその小松からなんの用なのだろう。新井はそわそわしながら封を切った。

「御意見をお伺いしたし、来る十五日にご来所乞う」

いったいご意見とはなんなのだろう。精動本部の知遇を得て、そのころ結成された日本宣伝人倶楽部の連中が宣伝企画の仕事をしだした、という噂は聞いていた。文案家の宮崎峻が書いた「贅沢は敵だ」もそのひとつだった。この協力はそれまでにない新風を官庁広告に吹きこんでいた。秋の皇紀二千六百年キャンペーンに向けて、彼らはさまざまな標語や催事企画を進めているという噂だった。国をあげての皇紀キャンペーンに大々的に取り組んでいる宮崎たちがうらやましくもあった。自分にもそんな協力の頼みなのだろうか。いいではないか。宮崎以上の文案を書いて見せようじゃないかと思った。

そして新井は自嘲ぎみに苦笑した。精動本部からなにを相談されるのか、なにを頼まれるのかもまだわからないのだ。それなのにもうその気になって張り切ってしまっている自分が、我ながらおかしかった。

「落ちつけ、落ちつけ」と一人、口に出して言った。新井は「ご招待謹んで受け、喜んで、出席させていただきます」と書き、その紙を丸めると「出席させていただきます」とだけ書きなおすと投函した。

約束の七月十五日がきた。新井はふたたび三年ぶりに赤坂見附から永田町の急坂を、汗を流しながら上った。

精動本部は皇紀二千六百年の催事準備でどこかざわざわしていた。会議室に案内されると小松は後ろ手でドアを閉じた。本部のざわついていた空気が閉ざされ、静かになった。

座るなり小松は切りだした。

「これから申し上げること、内密にできるとお約束していただけますか」

うむを言わさぬ勢いだった。新井は黙って首を縦に振った。

「端的に申し上げます、お伺いしたいご意見とは、世論形成の企画制作についてです」

新井は内心でほくそえんだ。宮崎たちの動きをなんともうらやましく思っていたのだ。少なくなる森永の仕事にあって、自分も国家情宣の仕事に携われる機会がほしかった。いままで森永で培った広告技術の技量を、こんな時代だからこそ国家情宣の場でお役にたてたいというのが新井の素直な気持ちだった。どうやればその糸口が見つかるか、小松から手紙をもらってから考えつづけていた。小松の質問に対して素直に答えた。

「私もずっとそのことを考えておりました。広告技術者は広告技術でもって国家に応えるときがきているのではないかと、思っておりました。皇紀二千六百年にお誘いいただけるのなら、森永の仕事をしながらも、小松さんのもとで働かせていただきます」

「いや、新井さんの申し出はありがたいのだが、皇紀二千六百年催事の相談ではない。それに一人ひとりの広告技術者を私どものもとに集めようというのでもないのです。

そんなことをしても意味がないと、今回よくわかりました。じつはこの秋行われる皇紀二千六百年祭の催事準備で、いまはたしかに手もいっぱいなのだが、だれも広告技術者を束ねる人間が存在しないから、なんの戦略もなく、みんなばらばらにやっている。効率が悪いといったらない。われわれは皇紀二千六百年の催事が終わった先を、じつは見すえているのです。国民の世論形成のために、最善の策を構築したいと思っているのです」

皇紀二千六百年の催事の助っ人を頼まれるものと思っていた新井は少しがっかりした。小松が新井の目をじっと覗きこむようにして言った。

「じつは私は、第一次世界大戦下のアメリカの世論形成と国家情宣というものを研究したことがあるのですが、向こうではプロパガンダ専門制作会社がありましてね。そんなものを日本につくれないものかと、新井さんのご意見がうかがいたいのです。だれかいい人いませんかね」

プロパガンダ専門制作会社。なんだそれは、というのが新井の正直な気持ちだった。日本の広告は伝統的に自社内に宣伝制作部をおき、すべて内部制作でつくられてきた。だから内閣情報部が国家情宣の企画制作をしようとしたら、部内に制作企画のできる人間を雇い入れ、自前の宣伝部をつくるしかないのだ。それを小松は外に専門集団をつくりたいという。しかし、組織に属さない人間を集めても、フリーといえば聞こえがいいが、みんな組織からあぶれてしまった人間ばかりだ。はっきり言ってそうとう水準の低い人間しか世の中には残っていなかった。優秀な制作者集団をつくるには、よほどの覚悟とエネルギーを必要とした。

新井は戸惑いながら「プロパガンダ専門制作会社のために、だれかいい人はいないかといわれても、組織に属していない図案家や印刷会社の下請けにはなかなかいないでしょう」と答えた。

小松はちょっと真剣な顔で言った。

「そうなんですよ。だからあなたにご相談をしている。そんな組織をつくれないかと」

小松はじっと新井の目を覗きこんだ。

「私がその適任者かは別にして、プロパガンダの専門制作集団を日本につくれるか考えてみましょう」と新井はしどろもどろになり、汗を拭きふき答えた。

小松の相談事は、新井が考えていた以上に大きな課題だった。少し考えさせてもらうのに時間がほしいと言って内閣情報部を辞した。新井はふたたび永田町の坂を下りた。機会が来たのだと思った。機会によって自分が変えられるかもしれないとも思った。そう思うと自然足は急ぎ足になった。

新井が辞した会議室で小松孝彰は、満足げにうなずいた。新井はきっとこちらの提案に飛びつくだろうと確信した。なぜなら新井からは広告に対する「飢え」のにおいがたちのぼっていた。だからこそ、小松がじっと覗きこんだ目を、新井は決してそらそうとはしなかったのだ。しかし、新井がどんなプロパガンダ専門制作会社の青写真を描くか、まったく制作に関して門外漢の小松にはわからなかった。三年前の「愛国行進曲」のときに感じた、新井の対応の良さに賭けてみるしかなかった。新井の感性のなかに、ふつうの制作者にはない、時代を見すえる目があると小松は読んだ。いまは、新井の「飢え」と、自分の「読み」に賭けるしかなかった。それほど、アメリカを凌駕する強力な制作集団を育てることが、小松にとって、いや、内閣情報部にとって急務になっていた。

三年前の発足時「愛国行進曲」で成功をおさめた内閣情報部も、大きな転機を迎えようとしていた。

新井のもとに、内閣情報部から呼び出しがあったちょうど一年前の一九三九年九月、阿部信行内閣の外務大臣として、親米派の野村吉三郎が就いた。この人事が外務省を揺るがすことになった。それは日米関係を穏やかにし、これ以上戦火の輪を広げたくないと考える、対米英協調派の幣原《しではら》喜重郎、佐分利《さぶり》貞男、重光葵《まもる》、堀内謙介、芦田均を増長させる以外のなにものでもない人事だ。本多熊太郎、白鳥敏夫、栗原正、松宮順、重松宣雄、仁宮武夫など、対米英強硬派にとってはありえない人事だった。就任以来、野村外務大臣が米英協調策をとると、「アメリカ何するものぞ」の強硬意識をもつ外務官僚たちはまったく動かなくなってしまった。ことごとくの案件を、体を張って止めだし、日米関係は急速に悪化していった。結果、一九四〇年一月、それまでの日米通商条約をアメリカは破棄し、阿部内閣は総辞職、対米強硬派の勝利に終わって、一気に太平洋に荒波が立ちだした。

対米強硬派は近い将来の日米決戦に備え、迅速に日米国家決戦の世論形成に動く必要に迫られていた。太平洋問題を国民の間でわかりやすく意識的に紛争の火種とするために、本多熊太郎ら対米英強硬派は、元ポーランド特命全権公使の伊藤述史《のぶふみ》を一九四〇年八月、内閣情報部部長として送りこんだ。日米決戦の日がいつになるかは別にして、往々にして中国問題、大東亜圏にいく国民の目を、早くからアメリカに向けさせる必要に迫られていた。「アメリカ何するものぞ、いつでも決戦の日を」という、対米決戦待望論の世論を、早急に構築しなければならなかった。

たしかに世の中は、皇紀二千六百年で盛り上がっていた。伊藤述史にとっては、祭りが終わったら、次の課題は「いざ！　日米決戦」の世論形成だった。その指示が内閣情報部から小松のところにおりていた。小松はアメリカやドイツで実行されている、プロパガンダ専門制作会社を早急に育成しなければならなかった。

新井は、小松に会って以来、なんとも落ち着かない日を過ごした。徴兵されない三十三歳とはいえ、このままいけばいつ徴用で、軍需工場に回されないともかぎらない。学校を出てから、なにも知らないで広告の世界に迷いこんできたのだ。そこで原稿を一から書くことで、ものが売れる楽しみと、世の中が動く楽しみを十分に味わってきた。そんな自分の才能が活かされない軍需工場で、ただ働かされるだけの毎日は考えてみただけでもぞっとした。バスに乗り遅れるなと、みんなが時代のバスに乗ろうとしていた。その気分は新井には煽られるのではなくよくわかった。

先日会った小松のことばに押されるように、新井は「宣伝技術研究会」と原稿用紙に書いてみた。大それた自分の考えに驚き、ひとり口に出して言った。

「まさか」

だがつづけて「国家情宣」と書いて、そこで気づいた。森永の広告がつくれる、つくれないというのはなんと次元の低い考え方をしていたのだろう。いままで悩んでいた考えの甘さを恥じると再び口に出して言った。

「国家情宣、宣伝技術研究会」

新井はようやく自分の歩むべき道が見えた気がした。

八月も末の暑さがいつまでも残る夕方のことだった。今泉が席を立ったところを見計らって、新井はそっと今泉に近づき、「武さん、よかったら久しぶりにちょっとキャンデーストアにでも行かない」と誘った。会社の近所で話せる話ではとてもなかった。ふたりは三田の森永本社を出ると、丸ビルの一階の森永キャンデーストアへ向かった。

店内の壁面には、女たちの肖像写真が大小ダイナミックにコラージュ構成されていた。訪れる人のだれもの目を引く、圧倒的なデザイン空間だった。写真家堀野の作品で、壁面デザインを担当したのは今泉だった。桑野通子の大きな顔写真の前に座るなり、新井は「じつは折り入って話があるのだけど」と言って、周りを見渡した。少し小さな声になった。

「手弁当でもいいから、公的な仕事に奉仕すべきなんじゃないかと思っている」

今泉は驚いた顔もせず「それは一人で？」と聞いてきた。

「いや、一人ではとてもできないと思う。広告技術者が集まる研究会組織みたいなものをつくって、会社とは別にそろそろお国のために、なにかをしないといけないんじゃないかと思って」と新井は答えた。

「驚いたな、じつは同じことを考えていた。このままジリ貧に会社の仕事をするんじゃなくて、ほんとうに国家のことを考えて、ちゃんとなにかをしないとダメなんじゃないかと思っていた。内閣情報部や翼賛会の仕事というのはひどいものだろう。ドイツやイタリアのポスターと比べてもレベルが違いすぎる。皇紀二千六百年のポスターを見たかい。横山大観がつくったやつ。あれじゃ日本画だ。まるで広告というものがわかっていない」

　いかにもデザイナーらしい今泉の見方だった。

「いや、大観が悪いのではなく、だれに頼めば公報になるかがわかっていない、内閣情報部の連中が悪い」

「愛国行進曲」のときに内閣情報部に出入りして、内部のことをよく知っている新井はつづけて言う。

「まあ彼らにしても、だれに頼めばいいのかわからないところがある。ものすごい量の公報をしているといっても、それを請け負う受け皿がないんだから」

「たしかにこんなこと、うちの広告課やほかに頼むわけにもいかないしね。それとも森永でやる?」と言って今泉は笑った。

「電通に技術部があれば、頼んだりするんだろうがね」と新井が受けた。

当時はいまと違って電通、博報堂、萬年社など、広告代理店は新聞などの扱い代理店であり、制作部門をもっていなかった。

「このまま放っておいたら、どこかのめざといやつが、商売としてはじめないともかぎらない」

「いや、その噂を聞いたことがある。片柳さんとか椎橋さんたちが、これを商売にしようと内閣情報部へ日参していると。こんなことは手弁当でするもので、商売にするものじゃない。それで何人かで集まれないかと思いだした」

新井が言う片柳とは、薬局のショーウィンドー媒体を扱うオリオン社に勤める片柳忠男で、椎橋勇は鳥居薬品の宣伝部の文案家だ。

「俺もじつは、同じことを考えていた。己《おのれ》のもてる技術を国家と社会のためにどう役立たせるかなのだ。新井ちゃんはさっき、宣伝技術研究会のようなものをつくりたいと言ったけれど、それじゃダメなんだ。国家情宣とは報道なんだよ。広告じゃダメなんで、あくまで報道でなきゃ。われわれのもつ報道技術を国に提供するんだ」

と、今泉もいままで考えていたことを熱く語った。

しかし、熱心にしゃべっていた今泉が急に黙りこんだ。どうしたという目を新井がすると、自問するようにつぶやいた。

「でも、こんなことお互い一生懸命になって熱くしゃべっても、どこに話を持ちこむ？　俺たちの話を真剣に聞いてくれるところがあるだろうか。陸軍省の宣伝部や内閣情報部に話を持ちこんでも、荒唐無稽だと笑われるだけだろうな。プロパガンダ報道の専門制作者集団なんて、だれも聞いてくれないだろう。ここはアメリカじゃない。ましてドイツじゃない」と言うと黙りこんだ。

新井はよほど、大丈夫だと言いたかった。しかし、会ったのは精動本部の小松部長だが、この話は明らかに内閣情報部から持ちこまれた相談事だった。まだ今泉にそのことを明かすことはできない。

「だれだろうな。こんな話を荒唐無稽と笑ってすませず、聞いてくれるのは。そうだ精動本部の事業部長をしている小松孝彰という人間がいるんだけれど、この人なら真剣に聞いてくれるかもしれない」

急に今泉が小松の名前を言ったので、新井はほんとうに驚いてしまった。

「待ってよ、武さん、なぜその小松という人なら話を聞いてくれるの」と思わずたずねた。

「知らないかな、この人、国民精神総動員事業部長をやっているけれど、じつは海外のプロパガンダ研究者でね、『戦争と宣伝の戦慄』なんていう本を書いているほかに、翻訳もたくさん出してて、ハロルド・ラスウェルの『宣伝技術と欧州大戦』という本などを訳している」

新井の知らない小松の真の姿を今泉が知っていることに驚きながら、思わず新井はたずねた。

「武さんはまたなんでそんなことを知っているの」

「『プレスアルト』だよ。読んでいないかな。あそこに評論家の佐藤邦夫がいろいろなプロパガンダの本の解説をしているページがあって、小松をよく取りあげるんだ」

「プレスアルト」は「広告界」と並んで、当時の広告制作技術者の間で読まれる業界専門誌だった。山名もよく執筆していた。研究熱心な今泉は「プレスアルト」「広告界」を深く読みこみ、広告理論や広告界の人脈にも詳しかった。

「待ってよ、どこかにメモしてあったはずなんだ」

今泉はノートを取りだすと、ページをめくった。びっしりとさまざまな書きこみがされていた。

「あった、あった。ラスウェルは『宣伝技術と欧州大戦』でこういうことを言っている。いいかい、読んでみるよ」と、今泉は自分で書きこんだメモを声にだした。

世界大戦は我々に現代の戦争は三つの戦線に於いて戦わなければならないことを示している。即ち武力戦、経済戦、宣伝戦の三者であって、経済封鎖は敵を窒息させ、宣伝は混乱に陥れ、武力は敵に一撃を加え止めを刺すのである。

「だからラスウェルは、第一次世界大戦時にかならずしも武力戦で弱小でなかったドイツが敗れたのは、宣伝戦でアメリカの優位にたてなかったからだとして、徹底してアメリカの世論形成と宣伝活動の分析をしたんだ。その理論を学んだ小松は自分の著書の『戦争と宣伝の戦慄』でこんなことを言っている」と今泉は別のページを開いて声をだして読んだ。

今日各国に於て宣伝学は研究され普及されているのに、我が国のみ一歩遅れた感がある。とくに軍事宣伝に関する知識は今日最も国民にとって必要であるのにしかも忘れられている。第二次世界大戦来の声高き秋《とき》、民間諸氏の宣伝学研究の気運を促進し、一旦事あるの秋に備え得るところにあらば、望外の幸いである。

「わかるだろう、この人はずっと第一次世界大戦のアメリカの宣伝活動を分析してきたんだ。国家情宣の報道はどうあるべきかを、いちばん知っている人だ。そして民間諸氏の気運を促進し、いったん事あるのときに備えよ、と言うんだ。だれか人脈を探して、小松さんのところへ、この話をもちこめば、絶対に受け止めてくれるよ」

内閣情報部の外郭団体精動委員会の事業部長が、じつはプロパガンダ研究者だとは、新井はいまのいままで知らなかったし、気づかなかった。

今泉のメモによると、小松はすでに『戦争と宣伝の戦慄』『近代戦とプロパガンダ』『赤軍は果して戦ひ得るか？』『日本を脅かす宣伝戦』『支那を喰う共産党の実状』『現地を語る』『戦争と思想宣伝戦』という大量の著書のほかに、ハロルド・ラスウェルの『宣伝技術と欧州大戦』、G・ブリットの『米国に於る第五列の暗躍』、アルバート・カーの『米国の世界政策』、H・ラーヴィン、J・ヴェクスラ共著の『アメリカと参戦』というたくさんの訳書を出していた。

新井はあらためて今泉の勉強熱心さと、旺盛な研究心にいささか驚いた。同時に、そうか、小松は内閣情報部で各国のプロパガンダ研究を徹底的に行った結果、わが国独自のプロパガンダ理論にもとづく、実戦部隊をつくろうとしていたのだと、ようやく気づいた。

今度は新井が今泉を驚かせる番だった。

「いや、じつはこれ、武さんが信奉している小松さんからの、依頼なんだ。先日内閣情報部に呼ばれて、プロパガンダの専門制作集団がつくれないかと、それとなく相談された」

今泉が心底驚いた声で聞いた。

「新井ちゃんこそ、なんで小松さんを知っている?」

三年前の「愛国行進曲」の作詞募集のときの話を打ち明けると、今泉は新井に握手を求めてきた。

「やろうよ、新井ちゃん。こんな機会は二度と来ない。手弁当でもやるべきだ。みんなで」

興奮して大きな声を出したために、周りの客が二人をじろじろ見つめた。

新井は宣伝課に席を置く人たちにも意見を聞くことにした。自分の上司が会社以外の仕事をやろうということに驚く人間もいれば、斎藤太郎、三井由之助、村上正夫のように、ぜひ参加させてほしいというものなど、さまざまだった。

「これは、新井さんが上司として言っている話ではないんですよね」とコピーライターの平岡達が聞いてきた。もちろんだと答えると断りながらも意外なことを言った。

「家の商売が苦しいときで、そっちの手伝いで手いっぱいなんで、ちょっと参加は無理なんです。その代わりといってはなんですが、手弁当といっても事務所も必要になるでしょう。いいところを紹介しますんで、使ってください」

「それはありがたい。場所はどこ？」

「築地の京橋郵便局の隣です」

「そんな便利なところが借りられるのは、願ったりかなったりだ。ほんとうに大丈夫なの」

「うちの実家を設計した、建築家の三浦元秀さんの建築事務所です。夜はいつもあいてるので、自由に使えますよ。そんなことで、お手伝いというのでもかまいませんか」

「もちろんさ、これは手弁当の仕事で、会社や上司から命令されるものではない。平岡は実家の仕事をしっかりやってくれ」

幸先よく、まず事務所が決まり、話は具体化した。新井も今泉も、森永製菓の宣伝課の連中だけを組織化するつもりは毛頭ない。さまざまな仲間に声をかけるつもりだった。ただ基本骨子は森永の五人で固めていくしかないだろうと、さっそく築地の三浦建築事務所に集まった。広告技術者たちに呼びかけるにしても、まずは手弁当で集まる集団の名前が必要だった。これは今泉の考えに従って、みんな素直に「報道技術研究会」に賛成し、決まった。

問題は、広告づくりの方法論は知っているが、国家情宣や時局についてはずぶの素人だということだ。制作を進めるにあたっては、さまざまな分野での専門家が早急に必要だった。とくに、戦時広告論の専門家をどうしても必要とした。しかしそうなると、新井たちの周りに適切な人材はだれもいない。また国家情宣の専門学者なんて、いったいだれなのか名前さえ思い浮かばなかった。

九月十四日、新井はふたたび永田町の坂を上った。

先日の小松の申し出に応えるように、手弁当でも国家情宣の仕事をする技術者集団をつくってみたいと言った。ただ、問題はだれもが国家情宣については素人なので、時局の分析や、報道のあり方がわかる専門家の不在が不安だと、素直に言った。

「それなら適任の人がいますよ。小山栄三という人口学者です」と小松に言われ、新井は戸惑った。人口学。いったいなにを研究する学問なのだろう。

「人口学者？　その人と国家情宣がどうつながるのですか」

素直な疑問を新井は口にした。ちょっと待っててくださいと言って、小松は席を外すと一冊の小冊子を手にふたたび戻ってきた。

「これ小山さんが書いた『思想戦と宣伝』という本です。読んでみてください」

この年の五月に、内閣情報部から出た本だった。そんなに厚い本ではなかった。表紙には思想戦講座第四篇とある。その場で新井はぺらぺらとめくってみた。

宣伝の概念からはじまって宣伝を構成する要素と、技術が説かれ、世論形成はどう行われるべきか語られていた。新井がざっと見て本から目を上げると小松が言った。

「その本からおわかりのとおり、小山先生には世論形成の面で講演やら調査やら、このところ内閣情報部はいろいろお世話になっています。ラジオのアナウンサーなどにも宣伝論を教えていましてね。なかなかの学者さんですよ。ああ、その本お貸ししますから読んでみるといい」

「なるほど。しかし、宣伝とその人口問題研究所という厳《いか》めしい役所とは、どんな関係があるのですか」

新井は小山という人物像が皆目見当がつかないので、小松に端的にたずねた。

「たしかに、宣伝と人口問題はなかなかすぐには結びつかないでしょうね。変わった学者先生ですよ。勉強熱心なんですな。もともとは『帝大新聞』で記者をするかたわら、新聞研究所の第一期生として新聞学を専攻なさっていたのだけれど、卒業旅行のときにミクロネシアの調査団に同行したとかで、南洋問題や調査に興味をもったんですね。立教で新聞学の教授をやっていたのに、こんな時代になったので、南方進出のための人口学をはじめた。同時に南方調査が高じて世論形成のための調査に興味をもたれて、それからいつの間にか宣伝学もやりだした。大東亜圏への進出の理論形成と思想戦の世論形成と根底で結びつく学問を同時にやっておられる学者さんですよ。おかげでわれわれもいろいろ勉強させてもらっています」

世の中には変わった人がいるものだ。よほど優秀な人だとしても、新聞学の権威が、そう簡単に領域の違う人口学や宣伝学の専門家になれるものなのだろうか。それにしても人口問題研究所とは、ちょっと厳めしすぎた。困惑が新井の顔に出たのだろう。小松は笑いながら言った。

「なにごとにもぶつかっていく新井さんらしくない。学者さんといっても、研究対象がどんどん変わるのをみてもおわかりのとおり、柔らかい人ですよ。時代の変化に合わせて興味の対象がつぎつぎ変わり、同時にわれわれが講師としていろいろ教えてもらうくらい、その道の専門家にすぐなってしまう。まあ変わった優秀な学者さんですよ。ぜひ人口問題研究所を訪ねられるといい」

厚生省にそんな研究所があることも知らなかった。なんだかとても奥行きの深い仕事に取り組みだしたことだけはたしかだった。

次の日の夜に今泉、新井、斎藤は銀座のオリンピックグリルで食事をしながら、発起人の顔ぶれ、事業種目の打ち合わせをした。

「あとは、どんな人に呼びかけるかだ」

新井が言った。今泉がオムライスを口に運びながら、新井の言葉を受けた。

「この仕事はビスケットを売ったり、チョコレートを売るためのしかけづくりと違って、どうしてアジアへ出ていかないといけないのか、なぜ太平洋で闘わなければいけないのかという理論が必要になる。その理論を明快に解説してくれる専門家がまずひとり必要になるだろう。それに僕が宣伝でなく報道なのだと言うのも、時節にへつってそんな名前をつけようというのではない。これからやろうとすることは、いままでの広告技術の表現ではたぶんダメなんだ。報道となれば媒体も変わるだろう。なにをもって世論を形成していくかが課題になる。手探りで新しい報道を研究している時間もない。だれかプロパガンダ研究をしている学術顧問もまたひとり必要となってくる。そんな専門家が二人もいるかなあ」

熱心に語るあまり、今泉のオムライスは、スプーンの上に乗ったままだ。

「武さん、まずオムライス食べてからにしようよ」

「いや、あまりにもむずかしい人選を二人もしないといけないと思うと、つい食べそびれた。それとも新井ちゃん候補いるわけ？」と言いながら今泉はオムライスを口に運んだ。

「武さんの言う一人二役ができる人がいる。小山栄三さんて知らないかな。この人なんかにぜひ参加してもらいたいと思っている」

「小山？」と言って、今泉も斎藤も首をかしげた。プロパガンダの本をいろいろ読んでいるさすがの今泉も、内閣情報部が内密で頼りにしている学者のことまでは知らないようだった。

「東京帝大の新聞研を出て、厚生省に入った社会学者だ。いまいる人口問題研究所というのは、満州や中国での人口政策を立案しているところだ。さっき言った、なぜ大東亜圏へ出ていくのかの論理はこの人から教わるしかない。それにドイツのプロパガンダや世論形成の研究もしている。内閣情報部やＮＨＫのアナウンサー研修所で、宣伝概論の講義も受け持っている」

「よく知っていますね、そんなこと。新井さんは前からこんなこと勉強してたんですか」

斎藤がほとほと感心したように言った。

「あたりまえじゃないか。こんなご時世の基本知識だ。と、言いたいところだけど、昨日まで知りはしないさ。内閣情報部の小松さんの推薦だ。本も借りてきた」

新井は小松から借りた『思想戦と宣伝』を差しだした。さっそく今泉が興味深そうに手にとって開くと、ぺらぺらとめくってから言った。

「なるほど、民族問題と世論形成の専門家か。一人二役じゃない。世の中には、いるところにはいるもんですね」

「じゃ、さっそくまず手紙で趣旨を書き、会ってもらえるか聞いてみる」

こうと決まると、あいかわらず新井はいつでも積極的だった。今泉はそんな新井を見て安心しきったように言った。

「あとはだれだろう？」

またオムライスのスプーンの手が止まった。そして「そうだっ」とスプーンを振りまわすようにして言った。

「いい人がいた。前川國男さんだ。森永キャンデーストアの設計をしてくれている」

「えっ、あの有名な建築家まで、われわれの宣伝の組織に巻きこむの？　またどうして」

さすがの新井もあきれたように、同時に不思議そうに聞いた。

「この仕事は、たんにポスターをつくるとかじゃなく、たぶん大きな展示場で、なぜアジアへ出ていくのか、なぜ太平洋が問題になるのかなど、わかりやすく構成していくことになると思う。そのとき、いままでの森永の母の日展ではダメなんだと思う。とてもわれわれの手に負えない日がくる。展覧会を俯瞰する構成力が必要になる」

「なるほど。ぜひ手伝ってほしい人だけど、請け負ってくれるかな」

新井の心配も無理はなかった。ル・コルビュジェのアトリエに学び、帰国後は昭和初期から有名な東京レーモンド事務所の売れっ子建築家として売りだし、独立した建築家だった。

「大丈夫。うちのビルを考えてごらんよ。いまこの東京で大々的にビルを建てようというところなどありはしない。われわれと同じで、なにかをしたくってうずうずしてるって」

丸ビルを借りていた森永製菓は、一九三八年に本社ビルを田町に建設した。当初五階建ての設計だった。不景気になるに従い、鉄鋼統制令の強化、建築制限令の公布があり、建築費も削られ、三階建てに途中から設計変更されてしまった。だからいつでも増築できるように、三階屋上には主柱が何本も空に向かって突きだしていた。人々はその姿を見て「かんざしビル」と呼んだくらい、もう東京の街には、すでに大きな建築プロジェクトはなくなっていた。

前川にしても、満州国の建築設計を請け負うしかなく、東京に仕事はなかった。戦後、日本のモダニズム建築の祖として巨大な権限を握り、国家プロジェクトの建築物をつぎつぎとつくっていくことになる前川國男にして、なんのなす術もない日々だったことは事実だ。

つぎに今泉から、いまは陸軍報道部にいる写真家の堀野正雄と、洋画家の伊勢正義の名前が上がった。

森永の宣伝課では子どもへの伝わりの早さから、イラストや漫画絵が多用されてきた。しかし今泉は早くから写真を使った広告を展開していて、そのカメラマンとして堀野を何度も起用してきた。桑野通子をモデルにした一九三六年の森永紅茶や、原節子をモデルにした一九三七年の森永ミルクチョコレートの広告などは、新しい感覚の広告として、新鮮な驚きを人々の間に巻き起こした。とくに桑野通子を俯瞰気味に撮った写真は、紅茶カップの水面が画面の中心にきて、しっかりとした商品広告になっている。現代の広告にも十分通用する斬新なカメラアングルだ。また丸ビルにある森永キャンデーストアの壁面を飾る女性たちの大胆なコラージュでもふたりはいっしょに仕事をしていた。伊勢は今も続く「新制作派協会」を一九三六年に小磯良平、猪熊弦一郎などと結成した洋画界の大御所だった。今泉は伊勢とも何度も仕事をしていた。

「大事な人の名前を忘れていた」と新井が言った。

「だれです？」と斎藤がたずねた。

「山名文夫さんと横山隆一さ」

「うん、横山隆一はわかる。というより彼の主宰する新漫画派集団が参加してくれれば、展示パネルを漫画でわかりやすく、親しみやすく展開できますからね。ぜひ横山さんには参加してもらいたいけれど、山名さんはどうなんでしょう。永遠の夢見る少女の人ですよ。戦争といちばん遠くにいるし、いちばん似合わない人の気がしますが」と斎藤が首をかしげた。

「だからこそ、山名さんには参加してもらいたいんだ。だれもが山名さんと非常時、時局は似合わないと思っている。その山名さんさえ、手弁当で立ちあがったとなると、若い人たちがその意義をわかってくれる。国家のプロパガンダのためには、われわれ広告技術者の技術がいまこそ必要なんだというプロパガンダとして、山名さんの参加がぜひ必要だと思う。武さんは山名さんと親しかったですよね。ぜひ頼みこんでください」

「いや、親しいというほどのことじゃない。業界の会合で何回か顔を合わせた程度だから」

広告技術者の大先輩で、自分が足元にも及ばない山名に関しては、今泉もちょっと自信なげだった。

新井はだいたいの構想と構成メンバーの陣容がまとまると、ふたたび内閣情報部の小松事業部長を訪ねた。いままで今泉たちと考えてきたことを一気に話した。

「ほんとうに人々に国防を考えてもらうためには、これからは、なぜ日本はアジアへ出かけていくのかなど、ちゃんと人々を教育誘導していく必要があるでしょう。事業部長の前で失礼だが、そのことが今うまく機能しているとは思えない。内閣情報部にも世論形成の専門家がいなすぎる。同時にわれわれ広告技術者のほうにも、満州問題、中国問題の専門家がいない。専門家でない同士が組んで、国がやろうとしている本質を多くの人に訴えようとしてもうまくいかないでしょう。やるべきは広告ではなく、報道であり、まさにプロパガンダです。だからわれわれは小山さんのような、戦時広告を研究してきた専門家や、単に表現としての図案や文章を書くのではなく、人々に視覚的に訴えられるようにするにはどうすればいいかと、デザインではなく、編集とか組み写真をやってきた山名さんを起用し、もっと大局的に立体的に視覚化するために建築家の前川國男さんなどを顧問とした、まったく新しい報道技術を国家情宣のために確立したいと思います」

小松は、新井の話を聞き終わるとなるほどと、うなずきながら言った。

「じつはおかしなもので、最初にこちらから動いたのは新井さんのとこだけなのに、いくつかの広告団体から、やっぱり手弁当でいいから手伝わせてほしいという話が急にきています。それぞれの考えをよく検討したうえで、最終判断をさせてもらいます」

新井たちが考えていることをどう思うかと、それとなくほかの制作者たちにも話を聞いたことはある。それが噂となって、小さな池にいっぺんに波紋が広がったのかもしれない。みんなバスに乗り遅れまいと、必死なのだ。古くからの図案家、写真家たちが、自分の技術をいまそこにあるビジネス、国策プロパガンダに求め、内閣情報部にすり寄りはじめたことを、新井は軽蔑できなかった。

同時に小松は、おそらく他の広告団体にも声をかけたのだろう。それぞれからどんな制作集団をつくるのか青写真もださせたに違いない。新井は、小松が調子のいい掛け声だけの提案に乗らないことをただ祈った。

それからしばらくたって、小松から来てくれるようにとの連絡があり、新井はふたたび内閣情報部に向かった。

「いろいろほかの団体からも話を聞いてきたのだが、どうもその内容に具体性がなくてね。勇ましいだけで、大風呂敷だったり。広告屋という輩はこんなに程度が低いのかとあきれるくらいだ。いや、失礼。君たちのことを言っているのではなく。君らの案がいちばん着実なんだ。ともかく至急結成してみてくれないか」

小松は自分が誘導した組織づくりに、新井が十分応えたことに満足しながら、組織化を急がせた。新井は息せき切って永田町の坂をおりた。

平岡が紹介してくれた築地の三浦建築事務所に、夜、森永のみんなが集まってきた。今泉が趣意書を書くことになった。

今泉は早くから、パウル・ガストの報道理論に興味をもっていた。「広告の基本は経済のためにあるが、社会的側面からみると広告は報道の要素をもち、どう人々に伝えていくかこそ、広告の技術的問題だ」というガストの視点に今泉は共感していた。自分でも一九三八年に、「報道美術に於ける集中と分化」という論文を、出身である明治大学の広告研究会機関誌に発表していたくらいで、今泉は森永の仕事も、単に表現だけではなく、どうやれば人に伝わりやすいのかを、いつも探りながらやっていた。当時多くのデザイナーが、漫画風イラストで視覚に頼ろうとしていたときに、早くから写真を使い、広告づくりをやってきたのもそのためだった。ガストの言う「制作過程における集中と分化」とは、テーマと表現を絞りこめば絞りこむほどに、それは広く伝わり伝播すると言いたいのだと理解して、自分の仕事の基本としてきていた。だから今泉は自分たちがやろうとしていることは、広告技術ではなく、報道技術の研究なのだと報道技術研究会（以下、報研に略）の名前にこだわった。時代に迎合して「報道」と名づけた気はなかった。今泉は設立趣意書をその場で書きつけた。日ごろから思っていたことなので、書くのに時間はかからなかった。

「主体と客体、世界観と意志、理念と実践という対立概念を報道の立場において統一するということは、非常に広汎な技術を要することになるのでありまして、今までの個人的制作だけでは、どうしても包み切れぬ大きなものとなるのであります。この統一された技術理念を、具体的に造形的に形成するものが、報道技術者なのであります。われわれが今まで商業美術・産業美術と呼称してきたものは、自由主義的経済価値の要求によって生まれたものであります。これを今は国家・社会的立場から、国家的機能・社会的機能として見直さなければならなくなったのであります」

それはとても力んだ文章になったが、単なる広告技術者の再編ではなく、「報道」という新たなジャンルを確立しようとする、官民一体の組織づくりという視点が明確にされた。

さて、何人の人が新井、今泉の考えに賛同してくれるのか、とにかく新しく何かをやろうと理念に燃えたとしても、賛同し、一緒に動きだしてくれる人がいなければ、研究会は成立しなかった。ふたりは設立趣意書をもって、主要メンバーの説得に九月二十日、動きだした。

最初に小松を訪ねてから三か月めの、慌ただしい動きだった。

まず、横山隆一、前川と訪ねた。横山は難色を示した。

横山が率いる新漫画派集団は、すでに早くから漫画家たちがアジアを渡り歩いていたから、いまさら新しい組織と一緒になって動く必要はないというのが表向きの反応だった。その裏には、国民から絶対的に支持を集める芸術分野の漫画家が、なぜ広告のようなうさんくさい連中と一緒に仕事をしなければならないという、蔑《さげす》みの意識が横山にはあった。小松が「広告屋という輩はこの程度か」とあきれたように、当時の広告と制作者たちの立場は、実際その程度の評価しかなかった。

しかし大人の横山はそんな様子はおくびにもださず、「従来の自分たちの団体との手続きに時間がかかるのでは」という言い方で協働をやんわり断った。

最初の交渉相手である横山の難色に、ふたりはちょっと気落ちしながら、銀座通りから二本入った、西銀座の前川の事務所を訪ねた。

前川の言下の賛成に、ふたりはちょっと小躍りした。森永キャンデーストアをデザインした前川には、森永のふたりにシンパシィーがあったかもしれない。

その日の夕方、新井と今泉は山名に会いに資生堂へ急いだ。

旧知の今泉が主に山名に来訪の目的を告げた。

六　報道技術研究会と山名文夫

　資生堂ギャラリーのちょっと奥まったソファーに、森永製菓の今泉武治と新井静一郎を案内した山名文夫は、今泉の話を黙って聞いた。しかし、話を聞きながら、頭の中ではさまざまなことが去来していた。

　この慌ただしい雲行きのなかで、国家が自分の技術を必要としているのなら、その新たな世界に飛びこむことは悪くない。いや逆に、自分の技術はもっと厳しく鍛えられるかもしれない。やりがいのある仕事を職場の外でも貪欲にやってみたい。機会はきっと四十三歳の自分を変えてくれるだろう。そんな機会を自分よりおそらく十歳は若い、今泉や新井が持ちこんできてくれた。面と向かって口に出さなかったが、山名はふたりに素直に感謝したかった。今泉の話が終わると同時に、意を決したように言った。

「わかりました。一緒にやりましょう」

　しばらく間をおいて、「ただ妙な噂があります、知ってます？」と心配げに言った。

「噂って？」

今泉が思わずたずねた。

「鳥居の椎橋さんたちが、この二十四日に、九段の軍人会館で大東亜宣伝連盟というのを立ち上げようとしているでしょう。そこがすでに内閣情報部からみんな仕事をもらうことになっている、というもっぱらの噂です。そんななかで、われわれが研究会をはじめても、うまくいくのでしょうか」

「どうして大東亜宣伝連盟のことをご存知で？」と今泉が聞いた。

「先日わたしのところに椎橋さんが、一緒にやろうと設立趣意書を持ってきました」

遅かったかと、新井は一瞬焦った。だが山名は自分の感覚と違うと思い断ったばかりだと言う。鳥居薬品の椎橋勇が集めているのは、わかもと、田辺製薬、第一製薬、山之内、トンボ鉛筆など、製薬会社を中心に旧態依然とした広告をつくってきた人々だった。山名の作る広告の感覚とは確かにほど遠かった。それを聞いてようやく安心した新井ははじめて口をきいた。

「大東亜が動いているのは確かです。みんな浮足立って集まっているだけです。でも、宣伝技術者を集めるだけでは機能しないのは、内閣情報部がよく知っています。これからの時代にふさわしい報道技術を、人口学者や建築家や編集者、そして広告技術者が一緒になって考えようというわれわれの提案を、内閣情報部は具体的で実現性があるとみてくれています」

山名はようやく納得したように、「では一緒にぜひやりましょう」と答えた。

山名の快諾にほっとしながら、今泉が言った。

「われわれは、森永の人間だけでやろうなんて考えていません。山名さんのこれまでの人脈で、広告から一歩踏みだして新しい報道をやろうという人がいたら、ぜひ推薦してください」

一緒にやれそうな人を考え、声をかけてみようという山名の答えに満足して、ふたりは資生堂を出るとオリンピックグリルに入り、一息入れた。

ふうっと安どのため息をつきながら、新井は「幸先がいい、交渉開始の初日に前川國男さん、山名文夫さんと、大物ふたりの話がまとまるなんて」と言った。

「よかった。これであとは、小山さんだけになった。小山さんさえ説得できれば、なんとか動きだす」と今泉はおいしそうにソーダ水を飲んだ。

新井が「しかし、よく山名さんは一緒にやろうといってくれましたね。僕はあの人は女性向け広告一辺倒の人だと思っていた」と言うと、デザインの情報に詳しい今泉が説明してくれた。

「ああみえて山名さんには男っぽいところがあるんだ。それが証拠に五年ほど前にも陸軍の仕事をしていてね。知らないかな、『わが家の防空』という、陸軍がつくったグラビア雑誌が話題になったことがある。はじめ陸軍が発行した雑誌と聞いて、問題にならないと思っていた。そしたら『印刷と広告』の八月号に〈作家の勝利〉とべたほめの記事が出たんだ。今度のパンフレットが成功をもたらした原因は、一に作家に自由な条件を与えたという、理解ある陸軍の態度によるものだ。依頼主の勝手な注文はつまらない印刷物をつくるだけだと書いてあって、いったいだれがデザインしたのだろうと思ったら、山名さんだった。今日山名さんに会うので、当時の資料を探して持ってきた」

今泉はていねいにスクラップした紹介記事をカバンから取り出した。デザイン関係の資料をきちんと調べ、いつも勉強を怠らない今泉らしいきめ細かさだ。今泉は、記事タイトルに〈作家の勝利〉の文字が躍るのを見ながら、つづけた。

「さっそくそのグラビア雑誌を手に入れてみたら、たしかにどのページを開いてみても、山名さんの並々ならぬ努力の跡がみられる、すばらしい出来の構成だった。陸軍に美意識を持ちこんだ、はじめての仕事だと思ったね。あのパンフレットを読んだら、だれもが自然に防空のことに関心をもつだろうね。それも写真の一つひとつが、筆以上に雄弁にそれを語っていた。あの人はただの女偏の人じゃないと思う。ビアズリーだ、アールヌーボーだという山名さん特有の感性は、たしかに稀少だ。でも彼は日本工房にいたろう。あのころ、あそこで山名さんはドイツバウハウスの男性的な構成原理を学んだんだ。山名さんのなかには、女と男の両性デザインがあって、いまの時代は男の感性しか通用しないことを感覚的につかんでいると思う」

その四六判三十二ページのグラビア雑誌「わが家の防空」は、東部防衛司令部が編纂したもので、陸軍歩兵少佐の町田啓二が指導して、写真家の金丸重嶺《かなまるしげね》が訓練シーンを撮っていた。山名は最初、レイアウトだけを頼まれていた。しかし金丸の写真を単にレイアウトするだけでは飽き足らず、人の心に迫る写真がもっとほしいと思った山名は、「一瞬で燃え広がるマッチ箱のような下町の写真を」「まばゆいばかりにネオン輝く銀座の写真を」「灯火管制で真っ暗な町に一軒だけつく明かりを」「猛火に包まれて焼け落ちる家を」「糜爛《びらん》ガスに侵された皮膚の写真を」と別の写真をつぎつぎに探させ、ないとなると新しく追加撮影を迫った。そうやって山名が用意した写真と金丸の訓練写真を組み合わせてレイアウトした。

完成した世界は、いかに防空意識が大切か、それを忘れたらどんな惨事に陥るかを如実に語っていた。山名が日本工房時代に「ＮＩＰＰＯＮ」の編集で学んだ、視覚に訴えるためのデザイン技術の、おそらくそれは集大成だったかもしれない。成城の自宅のアトリエで、頼まれ仕事をする夜に、山名は時代の変化に対応する感覚をつかんだのだ。

この防空カタログを企画指導した町田少佐は、生え抜きの軍人にもかかわらず、この後、陸軍で文化人、芸術家、ジャーナリストを集めた「工作班」を動かしていく中心人物となる。国家情宣はどうすればいいのか、なかでもアートディレクターの必要性を、町田は、早くから山名の仕事ぶりを通して学んだといっていい。

「そうか、山名さんにはそんなところがあったのか」

新井は、はじめて聞く自分の知らない山名の仕事ぶりと、あきらかに仕事が閉塞していくなかで、広告技術者として時代にそった作品をつくりだそうとする山名の心情を思った。こんなことでいいのか、なにかをしなければという山名の渇望感と飢餓感は、新井もまた同じものだった。

山名の快諾をもらってから五日後の二十五日、報研の設立趣意書とともに、手紙で研究会顧問就任を頼んでいた小山から返事が来て、会えるようになった。

新井と今泉は霞が関の人口問題研究所を、ちょっと緊張した面持ちで訪ねた。現れたのは山名と同年齢ぐらいの小さな人だった。

小山と会う約束がとれてから、新井は彼のことを調べられるだけ調べていた。

小山栄三は一八九九（明治三十二）年生まれの四十一歳の学者だった。小松が言ったとおり、三十六歳で立教大学の新聞学の教授に就いたにもかかわらず、一九三九（昭和十四）年四十歳で、厚生省人口問題研究所調査部長に転任していた。そこは満州国建設、中国進出、南方進出を民族学や人口対策の面から研究し、大東亜圏建設のための論理を体系化する機関だった。小山は東京帝大の卒業旅行のときに踏んだ地ミクロネシアが忘れられず、時代の変化と対応するように研究対象を新聞学から民族学に変えた結果の転職だった。

小山はたいへん多くの著書を、しかも多岐にわたる分野で残していた。

一九二九年『人類学叢書、第三編』（岡書院）、一九三〇年『綜合ジャーナリズム講座、第十一巻』（内外社）、一九三一年『人類学叢書、第四編』（岡書院）、一九三三年『民族移動史／ハッドン著訳書』（改造社）、一九三五年『新聞学』（三省堂）、『社会学研究』（東京社会学研究会）、一九三七年『新鋭哲学叢書第十六巻』（高陽書院）、一九三九年『人種学概論』（日光書院）。

この小さな男の頭のどこに、多岐にわたる分野でこんなにつぎつぎと大著を、紡ぎだす能力がしまわれているのだろうと、新井は思わず男の頭を見やった。小山にむかって新井は、新たな国家情宣のための技術者集団の創設を手弁当でも行いたいと、その想いの丈を熱く語った。そして自分たちの技術構築の理論化のために、顧問に就いてほしいと頭をさげた。

小松が柔らかい人だと言ったとおり、小山は学者ぶるところもなく、「いいでしょう。私のこれからの研究対象の実践の場にもなるので、喜んで引き受けましょう」ときわめて簡単に承知してくれた。霞が関の坂を下りながら、ふたりはよかった、これでうまくいくと、思わず握手した。

今泉が森永での前からの仕事仲間、写真家の堀野に声をかけると、ふたつ返事で参加してくれることになった。そこへ、洋画家の伊勢の参加も正式に決まった。

これから展開しようとする報道内容を論理的に筋道だててくれる小山、立体展開を俯瞰的に監修してくれる前川、表現の多様性を委ねることになる写真家の堀野、洋画家の伊勢、そしてデザイン全体の総合監修を委ねる山名と、主要なメンバーが固まった。基本的な骨格ができたところで、それぞれは自分たちの仲間や、仕事の関係のデザイナーや編集者で、これはと思う人間に、秘かに声をかけていった。

新井の知合いに、森永の映画のタイアップで、前から懇意にしている東宝映画の宣伝プロデューサーでデザイナーの土方重巳《ひじかたしげみ》がいた。もちろん彼を報研のメンバーにと考えていた。土方が新井を、千葉泰樹監督の「煉瓦《れんが》女工」の試写に誘ってくれた。

千葉の演出は、脚本家や主演の矢口陽子に助けられて、なかなか冴えわたっていた。試写のあと、東宝の試写室を出ると、土方と東宝パーラーにおりた。

うんざり顔で土方は「今見てもらった映画、検閲却下で陽の目を見ずだ」となげやりに言う。なぜと問う新井に、新協劇団の連中が出ているからダメなんだそうだ、と吐き捨てた。怒りをどこにももっていきようのない土方は、「こんなことといつまでしてて、いいんでしょうかね」と言いながらつづけた。「丙種産業と格付けされてしまった僕ら映画会社の人間は、もういつ軍需産業に徴用されるかわかったものじゃない。最近は不安と劣等感ばかりです」とふたたび暗い顔をした。

新井はそんな土方に、報研の話をした。土方の顔が輝くのがわかった。だれもが仕事に飢えている。やりがいのある仕事をしたがっているのだ。自分は人の弱みにつけこもうとしているのだろうか。いや、みんなと一緒に、一生懸命になれるものを手にしようとしているだけだ。現実の仕事にはもうそれがほとんどないのだからと、新井は自分に言い聞かせた。

実際、新しい組織づくりに飛び回りながらも、学生キャンプストアの表彰式、広島の販売会社、大阪での広告打ち合わせと、大忙しの毎日だったが、新井の足もとである、森永製菓の経営基盤が崩れようとしていた。

一九四〇年の二月、森永、明治製菓が呼びかけて、菓子は全国的に統制販売に入っていたが、それに次いで、十月には乳製品のうち粉乳、練り乳などが育児用品として切符制に、生乳は統制商品に指定されてしまった。営業部は配給部という名称に変わり、広告どころでなくなった。宣伝課の縮小が急がれた。嘱託画家だった栗田次郎の解雇、今泉のキャンデーストアへの転任、相原正信の薬品への転出案が新井に提示された。

閉塞した広告状況と、日々仕事が少なくなるなかで、一緒に広告をつくってきた課員がつぎつぎに姿を消す現状に、新井はなんとか手を打とうとした。しかし会社とかけあってみたものの、事態はいかんともしがたかった。会社から示された最終人事案を飲まざるをえなかった。

とくに報研立ち上げに最初から一緒に動いていた今泉に、キャンデーストアへの転出を告げるのは断腸の思いだった。広告のことなどなにも知らずに森永に入ってしまった新井に、手をとるように一から広告を教えてくれたのが今泉なのだ。新井はなんの説明もなく辞令を今泉に告げた。そしてじっと目を覗きこんだ。すまないというように目を動かした。二年先輩の今泉はやはり無言でそれを受け止めてくれた。なにも言わなかったが、新井が仕組んだ人事でないことを、三十五歳の今泉がわかってくれたことだけが救いだった。

今泉は子会社への転任をばねにするように、新しい組織のオルグになおいっそう力を入れた。日本蓄音器商会のデザイナーの友金尚、東京ガスのデザイナーの須藤陽一に会い、上海にいる三六工房のデザイナーの山下謙一、同じく海軍報道部員として上海に行っている松添健などに直接手紙を書いた。

森永を解雇された栗田の参加も決まった。手弁当でもいい、なんとか広告の世界にしがみついていたいという思いからだった。

山名は、今泉と新井が持ちこんできた話を進めるにあたって、かつて日本工房時代に「ＮＩＰＰＯＮ」を編集しながら、十歳以上年下の名取から学んだ、報道写真というこ とばを思いだしていた。名取がいう報道写真とは、単に写真だけをいうのではなく、写真を上手に組み合わせれば、筆に代わって、訴求内容を人々に強烈に力強く、端的に伝えられるということを意味していたと思う。自分は「ＮＩＰＰＯＮ」の編集で学んだことを、五年ほど前にも「わが家の防空」で実践したが、今泉たちが報道技術ということばにこだわっているのも、きっと報道写真の意味と同じ考えからなのだろう。

それに比べ「二つの戦争必勝祈願。第一は防共世界戦争、第二は征服戦争である。日本の栄えある道だ」と叫ぶわかもとや、「鉛筆も兵器だ。職場は戦場だ、机上は陣地だ、鉛筆は兵器だ」と戦争をただ煽るだけのトンボ鉛筆、「祈武運長久、銃後の護りは先ず、女性の健康から」と武運長久と書けば良しとする中将湯《ちゆうじようとう》、同じく武運長久をいつのる「味覚報国味の素」の広告に、ただただ時代にすり寄りさえすれば事足りると信じている、なんの思想も美意識もない広告技術者たちの貧しさを思った。そんな連中が大東亜宣伝連盟などを名乗り、仕事を求めて情報局や翼賛会に日参する姿を見聞きするたびに、だからわれわれは何年たっても世間からちんどん屋と蔑まれ、その存在を無視されるのだと、山名は不快の念にかられた。

自分はこの会で、いまふたたび報道写真をやろうと山名は誓った。たしかに今泉が名づけた報研はいい名称だった。

自分のあとに優秀な亀倉を得て、名取は「NIPPON」で外国向けのいいグラビア雑誌をあいかわらずつくっていたので、誘うわけにはいかなかったが、日本工房のころの写真家、藤本に声をかけた。藤本は喜んで協力を申し出た。

今泉たちが、この仕事の中核には展示構成がくると考え、前川に声をかけたように、雑誌編集の感覚とそのデザイン技術が必要になると山名は考えた。ひとりぜひ参加をしてほしい人がいた。かつて自分の仕事、「わが家の防空」を「作家の勝利」と褒め称えた「印刷と広告」の編集人で、いまは朝日新聞社の出版部で編集とデザインをしている、祐乗坊宣明《ゆうじょうぼうのぶあき》だ。

きわめて稚拙だった昭和初期の日本の印刷業界にあって、祐乗坊が編集する「印刷と広告」は、各種印刷技術の的確な解説記事や、特殊印刷の見本をはさむなどの工夫で、印刷技術の発展に大きく貢献した。同時に祐乗坊はその誌面で、デザイン・ジャーナリズムの基礎を築いた。彼の息子、嵐山光三郎が、のちに平凡社で洒脱な編集者として注目を浴びる裏には、父、祐乗坊の存在を否定できない。

その祐乗坊のデザイン理論と編集能力を高くかっていた山名は、今回の仕事には彼の存在がぜひ必要だと考えた。

そしてもう一人、どうしても欠かせない人物がいた。祐乗坊の東京府立工芸学校での恩師、原弘だ。かつて原弘が「印刷と広告」にフランスのグラフィック・デザイナー、カッサンドルについて書いた論評に、「組みポスター」があった。デュボネというワインの広告ポスター三点が壁に貼ってある写真を、彼はこう解説していた。

「図は巴里《パリ》の街頭に貼られた状態であって、カッサンドラはここで〈組みポスター〉なる新手を用いています。杯をかたむけるに従って、人間の身体中に色がついて行く三枚の殆ど同じ構図のポスターを並べることによって、きわめてグラフィックなおもしろい効果をつくりだしています」

山名の頭の中で、きわめて明快でわかりやすいこの記事のことが、いつまでも忘れられなかった。新しい試みをちゃんと理論化し、実践に移せる人間がすぐに必要になる。原弘が参加してくれれば、組みポスターをつくることができるかもしれない。祐乗坊同様、ぜひ会員に加えたい人材だった。祐乗坊を通して、原弘に参加を依頼した。自分の考えてきた工芸理論をいまこそ実践に移す場ととらえた府立工芸学校教師、原弘は参加を快く表明した。

同時に、祐乗坊のデザイナー仲間で、原弘の秘蔵っ子として、「東京印刷美術家集団」で活躍し、山名が前からその仕事ぶりに関心を寄せていた大久保和雄の参加も決まり、報研の全陣容がようやく固まった。

八月の末に今泉と新井が話し合ってから、わずか二か月くらいの短時間に、結局横山隆三の参加はならなかったが、二十三人の結社ができあがった。

相原正信、新井静一郎、伊勢正義、今泉武治、氏原忠夫、大久保和雄、栗田次郎、小山栄三、斎藤太郎、菅沼金六、須藤陽一、友金尚、原弘、土方重巳、藤本四八《しはち》、堀野正雄、前川國男、松添健、三井由之助、村上正夫、山下謙一、山名文夫、祐乗坊宣明。

しかし、二十三人の誰も、精動委員会の事業部長小松孝彰が結社を急がせた裏になにがあるかは知らなかった。

一九四〇年八月、外務省対米強硬派は将来の日米決戦に備え、対米決戦待望論の世論を図るべく、元ポーランド特命全権公使、伊藤述史を内閣情報部部長に送りこんだ。就任以来一年あまり、ひそかに部内で決戦待望論の浸透と人事政策を進めてきた伊藤は、内部固めも終わり、いよいよ対外的に打って出るときと判断した。世の中は、皇紀二千六百年で盛り上がっている。祭りの終わる十一月からは国民の間に決戦待望意識を早急に醸成しなければならなかった。伊藤は、内閣情報部の外郭団体国民精神総動員委員会が独立して大政翼賛会（以下、翼賛会）が十月十二日にできるのを機に、内閣情報部を情報局に改編し、自らが初代情報局総裁に就き、対米強化策を本格的にとることにした。翼賛会の動きが急だっただけに、同時期の発令とならなかったが、一九四〇年十月七日、局移管の準備段階として伊藤は、嫌米世論形成、言論統制強化を主眼に、内閣情報部の改組にあたった。

新組織は五部からなり、第一部が企画、第二部が報道、第三部が対外対策、第四部が検閲、第五部が文化担当となった。

第五部のうち第一課が啓発宣伝・博覧会、展示会、写真宣伝、ビラ、ポスター制作の指導、研究を行う「施設」担当、第二課が「映画・演劇」担当、第三課が文学・美術・音楽団体などに指導を行う「芸術」担当、第四課が「事業」担当となった。

この改組のときに、それまで精動委員会事業部長をしていた小松は、本来なら翼賛会に移るのが筋だったが、今後情報局において対米宣伝研究の権威者としてなくてはならない存在になるのが明らかだったので、第一課嘱託として残ることになった。

その第五部第一課が国家情宣のために、新井たちの技術を本格的に必要としていた。小松が早くから新井に接触してきたのは、この日のためだった。新組織は、興行がうまくいかなくなり、出しものもなく、休館がつづいていた帝国劇場を借り上げ、永田町から引っ越しすることになった。

報研の陣容がようやく固まった十月三十日、新井は呼ばれ、引っ越しが終わったばかりの帝劇に小松をたずねた。

帝劇正面には、左右にポスター三枚ずつが貼れる掲示板があった。演劇が上演されることのなくなった劇場はもの悲しく、白紙の掲示板がよけいに目立った。

小松からは、民間の宣伝関係者を招集してみたいので、その候補者をあげてほしいと頼まれた。小松の物言いにお上の命令口調はない。小松は明らかに新井を相談相手として必要にしていた。この三か月近くで、打ちとけた関係になれたことを、新井は嬉しく思った。話を聞いて帰ろうとする新井に、小松が「劇場正面の掲示板の白さが目立っていけない。なにかつくってくれないか」と頼んできた。新井は喜んで受けた。これが報研の、最初の記念すべき仕事になった。

時間がないので、森永グループ、資生堂グループで、一組三枚ずつのポスターを描いて納めることにした。山名は、自分の考えていた組みポスターの企画がすぐに実現することになり、喜び勇んでペンを取った。森永グループは新井、今泉、三井由之助、氏原忠夫、菅沼金六がポスターづくりにあたった。転任後、宣伝の仕事に携わっていなかった今泉の張り切りようは、新井には悲しいものがあった。

一週間で仕上げて、十一月八日に山名、菅沼、斎藤、新井、今泉の五人で大作六枚を運びこんだ。

さっそく帝劇正面にその連作はかかげられた。圧倒的な出来ばえだった。稚拙な手描きの戯《ざ》れ絵に近いポスターしか見たことのない内閣情報部の部員にとって、それは驚きの作品だった。内閣情報部や、翼賛会ポスターの制作レベルの低さを日ごろから嘆いていた山名や今泉にとっても、自分たちの力量の最初の見せ場であっただけに、その出来ばえに満足した。

彼らのつくったポスターが帝国劇場の入り口に飾られてから二日後の一九四〇年十一月十日、皇紀二千六百年の祝典がはじまった。それからの五日間は休日となった。昼酒が許され、赤飯用の餅米が配給になった。酔っぱらった大人たちが「紀元は二千と六百年」と歌いながら千鳥足で歩き、街は提灯行列、旗行列で浮かれた。

休日のまんなかの十一月十二日、「報道技術研究会」の名前ではじめて、各新聞社、雑誌社に発会の挨拶状を送り、報研は正式に産声を上げた。

時下いよいよご健勝の御事と謹みて賀し上げます。今回私共が相倚りまして報研なるものを組織いたしました。もとより国家報道ならびに宣伝の重大事なる、今日の如きは嘗《かつ》てなかったと存じます。

情報局の設立によりその組織は着々と進捗しておりますが、政治に経済に文化に国家と国民とを結ぶ報道技術に至っては、甚だ遺憾ながら幼稚未熟の域を出ないのであります。

私共は報道技術の研鑽と個性的技術の組織化との為に、微力を捧げる決意を致しました。それぞれ職場を持ち仕事を有する者達でありますので、全余暇をこれに割いてもその成果は知れたものでありましょうが、私共の唯一の誇りは打算を離れた奉公の熱意であります。国家報道への技術的実践を通じて、国家の向かうところに貢献せんとする一片の気概であります。なにとぞ私共の微意を汲まれ、ご指導とご支援を賜り得ますようお願い申し上げます。

五日間の皇紀二千六百年の休日は終わり、街には「祝いは終わった、さあ働こう」という標語があふれた。

新井と今泉が森永キャンデーストアではじめて報研のことを話し合った日からちょうど三か月めの十一月二十八日、明治生命館のレストラン、マーブルで午後四時より、報研の発会式が行われた。汗を拭きふき語りあった組織は、日比谷通りに木枯らしが吹きはじめた日に、正式な産声を上げることになった。

報研、初期発足メンバー二十三人のうち、上海にいて出席不可能な堀野、松添健、山下謙一の三人を除いた二十人が一堂に会した。伊勢、小山、前川という別格の三人がきちんと出席してくれたことが、新井にはことのほか嬉しかった。

会員は企画、美術、設計、写真の専門委員ごとにわかれるほか、常任委員として、新井、今泉、大久保、斎藤、山名、祐乗坊が選ばれ、山名が委員長に決まった。

「組織には帽子が必要でしょうから、私が帽子をやらせていただきます。でも、その帽子は帽子掛けにかけたまま、私はみなさんと一緒に国家報道に取り組みたいと思います」

委員長の山名が挨拶をし、新井の経過報告ののち、小山、前川、伊勢、藤本がこの会の意義を話し、発会式は終わった。午後六時から懇親会が開かれ、内閣情報部から第五部第一課長本野盛一、小松嘱託も列席した。新聞社、雑誌社の取材も多く、設立までのいきさつが発会式同様報告され、本野課長からの大いに期待するという激励と祝辞をもらい、会はとどこおりなく終了した。

山名は内閣情報部の課長がわざわざ自分たちの発足式に出向いてくれ、祝辞まで述べてくれたことに驚いた。同時に、いかにこちらへの期待が大きいかを感じ、思わず背筋が伸びる思いがした。

山名はまったく知らなかったが、報研のこの発会式の裏で、じつは外務省や内閣情報部内では、とんでもない綱引きが起きていた。

この十一月、ウォルシュとドラウトという二人の神父が、ルーズベルト大統領の親書「日米国交打開策」を携えて近衛文麿首相に会いに来日したのだ。その親書の内容は、ルーズベルト大統領と近衛首相が太平洋のアラスカまたはハワイで会見し、日米両国間の懸案事項、ヨーロッパ戦争に対する日米両国間の態度、日中戦争の解決、そして日米通商航海条約破棄の見直しをしようという提案だった。

近衛は太平洋に立った荒波を解決するいい機会と考え、欠員だった駐米日本大使に、阿部信行内閣時に外務大臣として、米英協調路線をとり外務省官僚にそっぽを向かれた、親米派の海軍大将、野村吉三郎を起用したのだ。

たちまち外務省内は蜂の巣をつついたような騒ぎになった。本多熊太郎、白鳥敏夫、栗原正、松宮順、重松宣雄、仁宮武夫など、対米英強硬派官僚にとってはありえない人事だった。野村吉三郎が駐米大使に戻ることは、自分たちの立場をふたたび危うくする。アメリカがいかに問題なのかを、速やかに国民に広く知らせる必要があった。

それは、啓発宣伝を担当する第五部第一課の緊急の課題だった。小松が夏から準備したしかけはようやく、ぎりぎりのところで間にあった。すぐにも、アメリカとの対決は不可避であることを一から手をとって国民に教えこみ、嫌米世論を緊急に形成しなければならなかった。

だからこそ一民間団体にすぎない報研の発会式に、第三十二回文官高等試験に合格した、外務官僚でもエリート中のエリートの本野第一課長が、小松とともにわざわざ会場に出向き、祝辞を述べたのだ。それだけ報研は、国にとって喉から手が出るくらい、どうしてもほしい組織だった。緊急に嫌米の世論形成を図らなければならない彼らにとって、向こうから、手弁当を下げて啓発宣伝につかせてくれと言ってきた報研は、まさに「棚からぼた餅」だった。

　そんな事情が国側にあるとは、会員のだれ一人露知らず、日本ではじめてのプロパガンダ広告制作集団、報研は発足した。

　隠された背景はおくびにも出さず、本野はにこやかに祝辞を述べ、翌日の都新聞の学芸欄に会の設立と発会式の様子、本野の祝辞が紹介され、二十三人の広告技術者は新たな制作表現の荒海にこぎだした。

　十二月六日、就任以来一年半をかけてすべての準備を整えた伊藤は、内閣情報部を局に格上げさせ、自ら情報局総裁に就いた。日本は戦争に大きく傾斜していった。

七　情報局と林謙一、小山栄三

手弁当でもいいから、国家情宣の仕事に就きたい、と報研を立ち上げた山名文夫、新井静一郎、今泉武治だったが、いったい自分たちはなにをすればいいのか、たちまちわからなくなった。

いままで女の顔ばかり描いてきた山名なのだ。キャラメルやチョコレートを売るために一生懸命になってきた新井、今泉なのだ。

そんな彼らが築地の三浦建築事務所に集まってみたものの、どこから手をつけていいか心底困った。

太平洋の波のうねりが不気味に高いといっても、知っているのは南洋諸島が日本の委任統治領になって、強力な海軍基地ができたというくらいだ。もとより、そこがどこにあるのかも知らない。「酋長の娘」のマーシャル諸島や、マリアナ、パラオの地名は知っていても、あとの南洋諸島はちんぷんかんぷんだ。なぜ日本が南進しようとしているのかさえ、山名自身よくわかっていないのだ。それを素直に口に出してみた。

「街には『大東亜新秩序』だ、『国防国家建設』、『一億一心』と勇ましいポスターが氾濫しているけれど、いったいなぜ日本が大東亜圏建設のために南進し、なぜ太平洋のうねりは高いのかをだれも知らない。あのねーおっさん、わしゃわからんよー」

生真面目そうな山名が、喜劇役者高勢《たかせ》実乗《みのる》の「あのねーおっさん、わしゃかなわんよー」をもじって「わしゃわからんよー」とやったので、思わず新井も今泉もふきだしてしまった。仕事を一緒にしたことのない制作者同士は、いつもあんがいシャイでよそよそしい。議論はなかなか前に進まない。お互い冗談が出れば、打ち合わせもしめたものだ。

「そこのところを、わかりやすく説明する必要があるんじゃないだろうか。新井さんは、なぜ日本が南進するのかわかりますか」

「いや、まったくそこが」と言って、新井はロイドメガネを外すと、困ったようにオールバックにした髪を梳《す》きあげた。

そうだと、げんこつをたたきながら山名は言った。

「わからないことを、われわれの武器にしよう」

「わからないことが武器になる？」とけげんな顔の今泉に山名がつづけた。

「これまでの情報局の仕事というのは、おいこらという視線のものばかりだろう。お上の都合のいい言いたいことばかりを伝えても、国民は理解できない。お上と国民の間に立って懸け橋になることがわれわれの仕事です。われわれのわからないことは、国民のわからないことでもある。われわれが知らない日本のかかえる問題点を洗いだし、その解決策が南進だと説明すれば、だれもが大東亜南進論の意味あいがわかるでしょう。わからないことは武器になるんです」

今泉がうなずきながら言った。

「なるほど、かけ声だけのポスターをつくるのじゃなく、いま日本がかかえている問題や、そのための解決策としての南進の意義を、わかりやすく説明しようというわけですね」

「そう、何枚ものポスターを組み合わせて展示するんだ」

山名はその大きな体でおもわず立ちあがると、両手をベニヤ板に見立てて、開いたり重ねたりしながら、熱心に言った。

「文章で説明しようとすると、つい長くなってしまう。人が同じところに立ち止まって読んでいたら、うしろの人がつかえてしまうだろう。文章は簡潔にいちばん伝えたいことを書き、あとは写真や図表で説明していくのです」

「なるほど、勉強したことをみんなに伝える、それも報道だと」

新井が、いかにも感心したといわんばかりにうなずいた。

「学習展示報道という考え方がいいかもしれない」と山名が言って、方向は大筋決まった。

制作者の会合で何度か顔を合わせたことはあるが、一緒に仕事をしたことはない。しかし、お互いプロ同士の三人は、ちょっと話し合えば、得意先の課題とその解決策は、打てば響くようにすぐによくわかった。

「ということは、だいぶ大きな展示場がいりますね。どこか大きな会場を借りないといけなくなる。なかなかの持ちだしになりますよ」

経理も担当する新井が心配そうに言うと、山名はまかせてくれという顔で口を開いた。

「うちの資生堂ギャラリーなら、空いている間は、たぶん上に言えば無償で借りられる」

「そりゃ助かります。じゃ会場の問題は山名さんにお願いして、私はさっそくなにを展覧会のテーマにすればいいか、情報局の小松氏とも話してみます」と、新井の顔が明るくなった。

「ところで、さっきの『あのねーのおっさん』ですが、撃ちてし止まむ精神に欠けると、禁止用語になったそうですね」と、今泉があきれはてた顔をした。

「禁止用語にすれば事足りる、と思うところが間違いでね、庶民は本質をいつも見きわめ『こんなのわしゃかなわんよー』と、みんなが思ってるからはやるわけでしょう。われわれの報道展に、あのねのおっさん呼んできて『わしゃわかったよー』と言わせようじゃない」

ふたたび山名が冗談を言い、あとは雑談になり、ようやく企画は動きだした。

「報研委員長、山名文夫」という帽子は、会発足時の彼の挨拶どおり、帽子掛けにかかったまま、山名はずっと制作現場の机に座りつづけ、この新しい仕事にのめりこんでいった。

報研の第一回委員会は一九四〇年十二月三日に開かれ、発会式で選ばれた五人の常任委員、新井、今泉、大久保、斎藤、祐乗坊と委員長の山名の全員が、顔を合わせた。山名から報道展の説明があった。

「これは報研の存在を広く世に問う結成宣言であるとともに、われわれの実力を示す第一回作品発表の場でもあるわけです。銀座界隈のデパートで行われている〈海洋写真展〉や〈防空展〉のように、時局にのったかけ声だけで人を集める展覧会ではなく、なぜわが国は大東亜共栄圏を建設しないといけないのか、アメリカとの間で太平洋のうねりは高いといっても、なぜ高いのかが、国民に十分わかるものをつくっていかないといけない」

日ごろの山名に似合わない、いささか力の入った説明で、展覧会のおおよその目的がはっきりしていった。

山名が調べたところ、資生堂ギャラリーは二月二十四日から五日間の間が借りられそうだった。となると実質的に開催まで三か月を切っている。やらないといけないことが多すぎた。

新井、大久保、祐乗坊は、さっそく報研の顧問として参加してもらった社会学者の小山を、霞が関にある人口問題研究所に訪ねた。

小山は、「いままでのようにお国のためだとお題目を並べるのではなく、まずなにをすることが国益かを訴えるべきでしょう」と言ってからつづけた。

「でなければ人々はわからぬままに兵隊になっていく。それを防ぐためには白人による侵略の歴史を明らかにすることです。兵隊になるのは、白人に苦しみつづけるアジアの国々の人々を解放するためと説くべきでしょう」

小山の助言は、大学やＮＨＫのアナウンサー養成講座で宣伝の話をしているだけに、わかりやすかった。新井は結局自分が書くことになる原稿の予備知識として、小山の説明を事細かにメモしていった。ようやく新井のなかでも、なぜ日本が南進しようとしているのか、その必要があるのかがぼんやりとわかってきた。

山名が言うとおり、この展覧会は自分たちが学び理解したことを、さらに多くの国民にどうわかりやすく伝えるかの技術が問われることになるのだ。

小山は、原稿を書くには田辺元の『種の論理』、西谷啓治の『世界史の転換』の二冊を参考にするといいとも教えてくれたあと、「ああそうそう大事な本がありました、ちょっと待っていなさい」というと、小山は書棚を開き、大判のいかにも学術書という感じの本を取りだした。

「これが一番よくわかる本だと思います。みんなでこの本を徹底して読むことです。私の今度上梓する『民族と人口の論理』も、この本をもとにしています。これからの日本の行く末の理論構築の基本となるものです」

それは軍令部から出版されたハウスホーファーというドイツ人学者が書いた『太平洋地政学』だった。

小山から勧められた三冊の本を読みこんでから、新井は一人で情報局の小松を訪ねた。

濠端の風に乗って、すずかけの枯葉が新井を追い越してゆく。二重橋前の広場に遥《よう》拝《はい》に向かう、国民服を着て国旗を振りかざす一団とすれ違った。帝国劇場の前を、赤たすきをかけた背広姿の応召の青年を取り囲むようにして、一団が黙々と歩いていった。情報局が帝国劇場に引っ越ししてそんなに時間がたっていないというのに、あんなに美しく磨かれていた柱や欄干は、手垢でもう真っ黒になっている。緋毛氈《ひもうせん》は軍靴で泥だらけに踏み荒らされていた。まんなかの観覧席はさすがに事務所として使えるはずもなく、そこだけが真っ暗な洞穴をかかえていた。新井は、かつてここで観た蝶々夫人や、贔屓の歌舞伎俳優左團次《さだんじ》や羽左衛門《うざえもん》のことを思った。そういえば、もう芝居も映画もしばらく観ていなかった。

小松は、見知らぬ男と一緒に現れた。その男を「これからはこちらの情報官が、報研に関してはいろいろやってくれるから」と紹介した。その情報官は、自分から林謙一と名乗った。三十三歳になる新井とほとんど変わらぬ年恰好で、富士額の髪にていねいに櫛を入れ、オールバックにしていた。情報官といっても、外務官僚の情報官がもつ一種独特の厳《いかめ》しい感じはない。軍服を着ていないから、もちろん軍人でもなさそうだ。民間から情報局入りしたのだろう。どこかに自由人の匂いがあった。

林謙一は一九〇六（明治三十九）年東京に生まれ、早稲田大学理工科に進んだ。建設会社に早々と就職を決めた林は、ある日戸塚から高田馬場に向かって歩いていた。映画館の前を通りすぎた。看板にクラーク・ゲーブルとクローデット・コルベールの顔が描かれ、「或る夜の出来事」というタイトルが躍っていた。おもしろそうだなと思い、誘われるように林は映画館に入った。

それは、新聞記者を主人公にした映画だった。二人は偶然バスの中で隣同士となる。やがてゲーブルは隣に座る娘が、一万ドルの賞金がかかるニューヨークの大富豪の娘だと気づく。結婚を反対された娘は親元を飛びだし、富豪の父親は娘探しに賞金をかけていたのだ。娘を探す追っ手たちと逃避行を助けるゲーブル。やがて二人は恋に落ちる。一文なしのゲーブルは、その逃避行を記事に書き、新聞社に持ちこんで原稿料を手に入れてから愛を告白しようと、娘のもとを去る。ゲーブルがいなくなったことに気づいた娘は、男に逃げられたと嘆き哀しみ、親の勧める結婚に踏みだす。そして結婚式の日、ゲーブルは娘を奪還しに式場に現れるという、なかなかおもしろい映画だった。

映画館を出た林は、新聞記者は世の中がなんでも見られて、おもしろい仕事だと思った。自分もなってみたいと、建設会社よりも二十円も初任給が安い東京日日新聞を受験しなおした。

一九三〇（昭和五）年、林は学生時代から興味のあったカメラを手に、社会部記者となった。「或る夜の出来事」を観て、この仕事こそ自分の天職だとひらめいた林の勘に間違いはなかった。新聞記者の仕事は、林の肌にあっていた。

五・一五事件では、血にまみれた首相官邸に駆けつけた。エノケン一座旗揚げ興行では、記事を書くのを忘れて笑い転げた。皆既日食観測報道のために、南洋ロソップ島へ特派された。大リーグ・オールスターチームがやってくると、ゲーリッグと握手した。阿部定《あべさだ》事件では、定が泊まっていないかと東京中の宿を探し歩いた。日中戦争がはじまると、従軍記者として長崎港から上海へ渡り、カメラを手に戦場を歩いた。

入社七年めの一九三七年十一月、日中戦争を取材して上海から帰って来るとすぐに、社会部長から呼ばれた。なんだろうと部長席に赴くと、「君、始発バスに乗ってくれ」と言われた。

なにがなんだかわからず、キョトンとしていると、社会部長は「いや、ちょっとおもしろそうな始発バスだ。君にお似合いのバスだ」と言い、高笑いをしてつづけた。「内閣情報部がだしている『週報』があるだろう。君も知ってのとおり、文字ばかりでお固くてだれも読んじゃいない。そこで内閣情報部は、来年の頭から写真のたくさん入った『写真週報』というのを出すことに決めた。写真もわかって、文章も書ける人間を探している。うちから内閣情報部に行っている政治部長からの依頼だ。断りきれない。それにうちの新聞社から内閣情報部に人が入るのは、こちらとしては願ったりかなったりだ。いろいろ情報も入るしな」

林はいつまでもペンとカメラを持って現場の記者でいたかった。しかし、内閣と新聞社の間で決まってしまった人事だった。林は異議を唱える立場にはなかった。

「じゃ、その始発バスの運転席に座ってみます」と言って、林は社会部長の席を離れた。運転席に座って驚いた。林が内閣情報部入りしてから「写真週報」をだすまでには、三か月の準備期間しかなかった。

まず「週報」との違いを明確にしなければ、編集方針がぐらついてしまう。「週報」が官報然としたお役所仕事とするならば、「写真週報」は感情を引きつけやすい写真を武器にして、大衆のうちに食いこむのだ。国家が大衆に啓発すべき内容を、だれにでもわかりやすく親しみやすく、視覚から訴えるのだ。

そこで始発バスの運転席で、林はまず最初に海外のグラフ雑誌を立てつづけに見つづけた。そこからわかったことは、写真はことば以上にものを言うということだった。イタリアの写真グラフ誌の編集に、林は思わず唸った。これは世界的な成功例のひとつだ。「ミラノの朝」を切り取ると机の前に貼った。

イタリア軍がエチオピアに侵攻したときの、ミラノ港での出兵の写真だ。一人の兵士が妻と三人の子どもと別れる場面だ。長男は兵士の肩に、二男は右腕に、そして三人めの子どもは母親の胎内にいる。この三番めの子どもが、妊娠した母親の胎内にいることが大事なのだ。こういう写真を選びだせば、「だれもが子どもたちを残して戦場に旅立っている。さあ、次はあんたの番だ」と出兵を促すことになる。ことばがわからぬイタリア語の雑誌だからこそ、一枚の写真がなにを訴えているかが、林には手に取るようにわかった。

写真はことばや音以上に感情を刺激する。あんがい始発バスはおもしろいかもしれない、と林は思った。

林は記者時代から、名取洋之助のやっている「NIPPON」を興味をもって見ていた。だから情報官に就くとすぐ、名取、木村伊兵衛、土門拳、梅本忠男などに声をかけて、編集スタッフに加わってもらうよう指示した。しかし、写真家の作品よりも一般の人のものに、気持ちの入ったいい写真がたくさんあった。それらを組み合わせたほうが、感情に訴える展開ができると考えた林は、一般読者からの写真募集を積極的に行うことにした。

創刊に向けて集めた写真の中から、林は三点の写真を選びだして組み合わせてみた。ひとつは恩賜《おんし》の品をいただいて、ただ感激の涙を流す、いがぐり頭の靖国の遺児の少年。

ひとつは日米交換船、浅間丸《あさままる》の横浜到着時の写真で、帰還したわが子を抱きしめる母と、死別を覚悟していた夫の姿を探し当てた妻の感涙の写真だ。そして最後のひとつは、少年産業兵士を秋田で見送る母が、買い求めた駅弁をわが子に手渡そうとする写真だった。

戦死の哀しみ、帰還の喜び、出兵の別れという、まったく違う三点の写真を構成することで、戦争へ向かう覚悟が醸成されるのが林にはよくわかった。

目で見せて理解を得ることがこの仕事のポイントなのだ。きっとそのほうが生々しい感動を与える。名取と直接一度も話したことのない林だったが、名取がドイツでウェイヒ教授から学んだバウハウスの視覚理論を、林は内閣情報部転職三か月ですでに直感的にとらえていた。

「目から心へ」を林は編集方針に打ち立て、創刊のことばには「写真による啓発宣伝のきわめて強力なる想いを持ってここに発刊す」と書いた。

林の編集する「写真週報」は人気をよび、最高百八十万部もの発行数を誇った。

内閣情報部は、永田町のこんもりとした森の中に、だれからも知られることなく、ひっそりと隠れるように建っていた。その二階の大会議室に部員三十人あまりが陣どって、机をロの字型に組み、お互いが向き合うようにして、朝からブレーンストーミングで戦時世論形成をどう構築すべきか、アイデアを出しあった。

お役人の集まりにしては多彩なアイデアで、内閣情報部はさまざまな世論形成を図ったが、ユニークなアイデアを披露するのは海軍出身者だった。彼らは世界中を回り、いろいろ見ているので、なかなかの文化人だった。しかし、しょせんは軍人。アイデアには限界があった。結局、ブレーンストーミングのリーダーシップをとるのは、いつも新聞社出身者だった。なかでも林のアイデアはいつも多岐にわたり、多彩だった。始発バスがようやく動きだすと、写真こそ人の心を動かす最大の武器だと知った林は、デパートでの写真展を提案した。

全国百数十店を超えるデパートを東西のふたブロックにわけ、東京、大阪からスタートさせた。東京の場合は名古屋まで行ってそれから北上する。大阪の場合は京都まで行ったら西に回して、全国で写真展を展示行脚するのだ。手間はかかるが、大衆を啓発し、こちらが世論形成したい訴求内容を、全国くまなく訴えられる利点があった。

実際やってみると、どこへ行っても抜群の動員数で、やがてデパートのほうも積極的に展示に協力してくれるようになった。一か月半に一度は、新しい企画を打ち出さないと全国を回りきらないため、林は日曜もなく忙しく働きつづけた。

山名が言ったとおり、全国百数十店をネットワークする写真展の、質的表現レベルは決して高いものではなかったが、人々の心を引きつけ、大衆を確実に動員した。

なかでも人気がもっとも高かったのは、各国のイデオロギー宣伝戦の実態を明らかにした、一九三八年二月に日本橋高島屋で開かれた「思想戦展覧会」だった。思想戦とは、平時といわず事変時といわず、つねに行われている武器なき戦いをいった。「日本の思想戦の体制」「世界の宣伝思想の発達史」「中国の宣伝活動の状況報告」からなる三部構成なのだが、これがなんと一日六万人を動員した。人々は戦争にこんなに飢えているのか、情報は人をこんなにも熱くさせるものかと、企画した林のほうが驚いた。新聞記者のときには、読み手の反応が返ってくることはほとんどなかった。しかし、内閣情報部では人々の反応が直接返ってきた。その反響は、新聞記者のときとは比較にならないほど強く、林は快感に酔いしれた。

そこに、たいへんなことが持ち上がった。

中国の政府機関の宣伝担当に、切れ者で評判の王一哲という男がいた。

中国では、子どもを食べさせられなくなった親たちが、残忍にもわが子を焼いて、そこらに捨てていた。従軍記者として上海を訪れたときにも、林は上海周辺の町々で、焼けただれて転がっている赤ん坊の死体を実際見てきた。あきれはて、憤りさえおぼえた。

　王一哲は、上海の片田舎の駅のプラットフォームに転がっていた、焼けただれて死んだ一歳半くらいの赤ん坊の写真を撮った。そしてこれこそ、残忍行為をする日本軍の嘘いつわりのない姿だと、その写真を世界中にばらまいたのだ。王が世界中にばらまいた写真は大反響をよんだ。ルーズベルト夫人が写真を見て、日本製品ボイコット運動の先頭に立ったのも、さらに反響を大きくした。日本は宣伝戦に完全に敗北したのだ。

　日本も大至急、この宣伝戦の対応を迫られた。国力を誇示する写真、戦争目的を正当化する写真を意識的に集める必要があった。それらの写真を積極的に外国通信社に提供することで、日本の主張を少しでも多く、海外メディアに掲載してもらうのだ。それは海外メディアを戦略的にコントロールする宣伝戦であり、思想戦だった。

　しかし、国力を誇示する写真、戦争目的を正当化する写真を内閣情報部や同盟通信社が外国通信社に恣意的に流すわけにはいかない。ならばダミーの外郭団体をつくり、そこから流してはどうだろう。そして表面上は、内閣情報部は知らぬ存ぜぬを装うのだと、朝からはじまったブレーンストーミングの席上で、林は提案した。

　銃剣を杖がわりにふんぞり返る陸海軍の軍人と、文官高等試験に合格した外務官僚のエリートたちで構成される内閣情報部にあって、民間出身の林情報官は、世論形成の戦略を、いつでも柔軟に現場主義で構築できる、唯一の人材だった。

さっそく「財団法人ジャパン・フォト・ライブラリー」が設立された。読売新聞と同盟通信から写真記者を引き抜き、銀座のマツダビルの三階全フロアーを貸し切った。ここが日本で最初の写真コンテンツのアーカイブセンターとなった。そしてここから戦争目的を正当化するための、また国威を示すような写真が、海外通信社に意図的に送られていった。

始発バスに乗り換えたおかげで、林は「写真週報」「写真展覧会」「財団法人ジャパン・フォト・ライブラリー」という三つの路線バスの運転手として、この三年を忙しく駆け抜けてきた。

内閣情報部が情報局に改組されたときも、林は以前の仕事を引き継ぎ、第五部第一課で本野課長のもと、情報官に任命された。

対米強硬派のだれもが、アメリカと武力対決した場合は、たとえその戦いが百年つづこうとも絶対に勝つという意気ごみだった。だからふたりの神父が携えてきた「日米国交打開策」などというやわな妥協案が、万が一にも近衛内閣で通らないためにも、早急に民意を日米決戦へ導く必要があった。

情報局総裁伊藤述史は、戦争をおこす論理と、広く国民の間に対米戦争を受け入れる環境醸成、世論形成を性急に迫られていた。

報研の技術力を存分に引きだし、国民の間にアメリカ何するものぞとの気概を育てることが急務だった。そのためには「写真週報」や「写真展覧会」で組み写真のノウハウを十二分に知る林情報官が、この報研を指揮していくことが大切だった。

そのような背景の説明は一切なしに、林は新井の前に現れた。

林は「情報局が考えている、来年初頭から展開すべき主題は四つあります」と言って、さっそく情報局の考え方を説明した。

ひとつめは太平洋問題であり、ふたつめが百年戦争への覚悟をどう国民の間に醸成していくか、三つめは日本人の南方進出、そして最後に日本文化の優位性を訴えたい、というものだった。

嫌米世論を早急に醸成しなければならない、伊藤述史率いる情報局にとって重要課題の第一は太平洋問題であるのはもっともだった。が、問題はふたつめだ。新井は百年戦争とメモを取りながら、思わずそのペンを止めてしまった。

日中戦争がはじまって三年半しかたっていないのに、世の中には閉塞感が充ちあふれている。森永だけでなくどこも軍事需要が最優先し、国民生活は逼迫感を増し、人々はあえぎにあえいでいる。それなのに、そんな戦争をこの人たちは百年もつづけるつもりなのか。

新井をはじめ報研の全員は、「百年戦争への覚悟の醸成」と言われた瞬間に、情報局の前から脱兎のごとく逃げるべきだった。彼らは完全に狂った得意先だった。しかし新井たちはもう、情報局の狂った刃《やいば》から逃れることができない状態に陥っていた。

新井はいったん止めたペンを再び動かすと、林の話に熱心に耳を傾けつづけた。

林は一つひとつがかかえる問題と方向性を詳しく説明したあとに、とにかく視覚訴求を大事にして考えてほしいと言った。

「大衆なんて、むずかしいことを言ってもわからない連中です。視覚で訴えることがいちばん効くんです。視覚がね」

林情報官から受けた、情報局の来年度の方針をもとに、報研のメンバーが築地の事務所に集まって、企画会議がはじまった。

お互いが持ち寄った情報をもとに、報道展のための課題を出しあうと、議論は百出した。科学思想を鼓舞しようというのもいれば、国民厚生を科学的に説明しようという的外れな意見もでてくる。

しかしこれは無理もなかった。みながにわか勉強したことを、よくわからずに話しているだけなのだ。広告技術者が集まって、手弁当でもいいからなにかを訴えようといっても、結局訴えるべき問題はなにかさえもわかっていなかった。林情報官が明確に示した来年度の施政方針さえ、だれも十分に理解できないでいた。

そんな悩みを情報局に行って新井が話すと、一度みなに時局と大東亜について詳しく話しましょうということになった。それも海軍からきている中佐の上田俊次情報官自らが、わざわざ報研の集まりにやってきて、太平洋問題について話してくれるというのだ。本来ならば、海軍中佐が報研の総会にやってきて、全会員を前に、一時間半も懇切丁寧に太平洋問題を解説してくれるなんていうことはあり得ないことだ。それだけ伊藤総裁率いる情報局は、戦争をおこす世論形成を急がされ、必死だった。

上田中佐の話は、なぜアメリカが問題になり、そのためにはなぜ大東亜共栄圏の建設を急がねばならないか、というものだった。欧州各国に支配された現地民族を解放し、そこに新たな文化を築いてこそ、日本とアジアの繁栄があるという、壮大な可能性を秘めた建設計画だった。多くの会員ははじめて自分たちがおかれた国の状況と、どんな未来に向かって日本が羽ばたこうとしているのかを知った。

上田の話を聞いて、今回の報道展の名称を「太平洋報道展」とすることに、だれもがようやく納得した。上田の講演以上に会員たちを嬉しがらせた知らせがあった。情報局が今回の展覧会の指導後援を正式に決定したのだ。手弁当でやろうとしていたのに、資生堂ギャラリーの入り口に「太平洋報道展　主催・報道技術研究会、指導後援・情報局」という看板がかかげられることになった。

上田の講演が終わると、山名を囲んで新井、今泉、大久保、斎藤、祐乗坊の常任委員だけが残り企画をつめることにした。

「さっきの上田情報官の話を視覚に訴えるにはなにがいいと思う」と山名がまずみんなに聞いた。

「日本を取り巻く太平洋の海域でそれぞれ起こっている問題ごとに解説して行くことでしょうか」と斎藤が言う。

「いや、日本が抱えた問題は数々あって、それを具体的に見せていってもばらばらになってしまい国民はなんのことかわからなくなってしまう」と祐乗坊が困った顔をした。

「ここは、報道展で訴えるべきことをまずひとつに絞ることが肝要だと思うんだ」と今泉。

「武さんがいつも言っている『集中と分化』ですね」と新井がうなずいた。

「そう、まず展示会を貫く主題に集中すること。その主題にそって各論を展開して行く。今泉君が言う分化だ。そうしないと、訴えたいことがこれだけいろいろ山積みしていると、報道展を見た人はなにがなんだかわからなくなってしまう。展覧会を貫く一本の集中に値する主題がほしい」と山名が言い、今泉が我が意をえたりといわんばかりに深くうなずいた。

「で、集中はなんです。太平洋の高波の写真でも使いますか」と祐乗坊が今泉をみた。

「バカ言ってんじゃない、泳ごうというんじゃないんだ。それじゃ高波危険になってしまう。視覚的にこの問題の根源を訴えるのが集中でしょう」と今泉が教え諭すように言った。それまで一緒に仕事をしたこともない六人だったが、お互い企画をはじめるといっぺんに距離が縮まった。

「じゃ武さんはなんだと思うの」と新井が結論を促した。

「ABCD包囲網でしょう」。今泉が自信たっぷりに答えた。

「ABCD包囲網って?」と斎藤は怪訝な顔をした。

「そう言えば最近たまにラジオなんかでもABCD包囲網を突破せよなんて勇ましいことをいっていますが、実際のところABCD包囲網ってなんの略なのです」と大久保が隣の祐乗坊に聞いた。祐乗坊は黙って頭をふった。

「困った連中だな。ABCDも知らないのか」と今泉が笑う。

「われわれは知らないことを武器にするんです。それをみんなに教えていくのが今回の報道展です」と斎藤はすました。

「こりゃ一本取られた。今泉さんみんなに教えてあげてよ」と山名は笑いながら言った。

「と言っても、こっちもこの前までまったく知らなかったのだけど。小山さんに教わったハウスホーファーの『太平洋地政学』を急いで読んだ付け焼刃なんだ。いやこれがおもしろくってね。日本は、東はA、アメリカのハワイに、西はB、ブリティッシュのイギリス領インドとネパールに、北はC、チャイナの中国に、そして南はイギリス領のマレーシア、D、ダッチのオランダ領東インド（現インドネシア）というABCDに包囲されているというんだ。太平洋のまんなかに位置するという地政的な宿命が日本の悲劇で、多くの危機をかかえていると」

「なるほどそれでABCD包囲網。それじゃ、いつどこから攻撃があってもおかしくないじゃないですか」と斎藤。

「そう、攻撃される前に、出ていく必要がある。それが大東亜共栄圏の建設だ」

今泉は水平にした右手を飛行機にして飛び立たせた。

「確かに今泉さんの言うとおり、このハウスホーファーというのはなかなかおもしろいんだ。同時に視覚的にすごくわかりやすい。ちょっと見てごらん」と言って、山名はみんなの前に小山から勧められた大判の重そうな『太平洋地政学』を広げた。

たくさんの地図が折りこんであった。山名が大事そうに地図を開いた。みんなの顔が集まった。

「ほら地図の描き方になかなかの見るべき工夫があるだろう。赤と墨のたった二色だけなのに、網点をうまく使ってるので、地図にこんなに立体感がでている。これを見ると、たしかに日本は太平洋のまんなかにあって、包囲されているのがよくわかるだろう。太平洋に波高しというけれど、たった一枚の地図で、いまおかれている日本の状況を一目で説明する、こんな方法があったのかと実際見るなり驚いたよ。今回の報道展の集中はこのＡＢＣＤ包囲網の包囲網をまず視覚的に確立することが第一の課題だと思う」と山名はみんなに本を回した。

「実際、僕もその本を読んで驚きましたね。日本の立ち位置を地理的側面から考察するなんて考え方があるなんて」と新井が感心した。

「ハウスホーファーを読みこむと、われわれの報道展の集中はＡＢＣＤ包囲網だと思う。太平洋はなぜ波が高いのか。その危機をしっかりとまず人々に視覚から認識させる。言葉でいうよりもずっと魅力的な展示ができる。包囲網突破のために、どう大東亜共栄圏を建設していくか、という各論が分化だ。これで少し企画を前につめてみようか」

山名がまとめるように言って、ようやく報道展の方向が見えてきて、後は雑談になった。

「ふーん、地政学かぁ。不思議な学問があるものだ。ドイツもその地政学から戦争をしているのだろうか」と大久保が感心しながらも単純な疑問を投げかけた。

「まさか。ドイツはゲルマン帝国の建設という大きな野望からだろう」と新井が言うとみんなが笑って、六人はようやく築地の三浦建築事務所をでた。もうすでに夜は深く更けていた。最終電車に揺られながら、こんなに真剣にものごとを考えたのはこしばらく資生堂ではなかったなと山名は思った。久々に深く物事を考えた充足感に満足した。成城の家の木戸を開けながら、山名は「ハウスホーファーに地政学か」とひとりつぶやいた。

カール・エルンスト・ハウスホーファーは一八六九年八月二十七日、ドイツのミュンヘンに生まれた。ドイツ陸軍士官学校を出たあと、陸軍大学で軍事論を教えていたが、一九〇八年から一九一〇年まで日本のドイツ大使館付武官として日本で暮らすことになった。ここで日本の地理的特殊性に気づいたハウスホーファーは地政学に目覚める。ＡＢＣＤ包囲網の脅威にさらされているこの美しい島、日本は、その生存のために、軍事的な拡張政策を進めなければならないと、ドイツに帰国後「日本の軍事力、世界における地位、将来に関わる考察」という論文を執筆、地政学の創始者となった。

満州事変と時期を同じくするようにふたたびハウスホーファーは『大日本』『日本国』『日本帝国発表の地理的基礎方向』などの著作をつぎつぎと発刊し、満州侵攻の正当性を説いた。

日中戦争の火の手が拡大し、南方進出にあたり、大東亜圏進出の理論を早急に体系づける必要に迫られた小山たち「太平洋学会」の学者は、ハウスホーファーの明治の旧論文を『太平洋地政学』として軍令部より蘇らせた。訳者の江沢譲爾《じょうじ》は日本放送出版協会から『ハウスホーファーの太平洋地政学』を出版した。小山はハウスホーファーに刺激されたようにつぎつぎとＡＢＣＤ包囲網を打破すべき論文を発表しつづけた。

ハウスホーファーの説く「ＡＢＣＤ包囲網に包囲された生存圏を有しない日本は、生存のために軍事的な拡張政策を進めなければならない」、それはまた「十九世紀型植民地政策に苦しむ南方民族を日本の手によって解放する正義となる」という論理は、中国にとどまらず南進をしたくてうずうずしている軍部や近衛文麿首相の持論「持たざる国」の論理と共鳴しあい大義となった。

この後ABCD包囲網が一気に全国民のあいだの合言葉になるのに時間はかからなかった。

以後、報研メンバーには、歴史の裏でいままでは語られることのないハウスホーファーが、一冊のバイブルになった。今泉の日記の端々にはハウスホーファーの名前が何度も登場し、病気の日でも「体調悪し。一日ハウスホーファーを読む」と記される。また山名は自叙伝『体験的デザイン史』でハウスホーファーの図説の巧みさから表現とはなにかを学んだと書き残している。

大久保が「ドイツでも地政学上の観点から戦争をしているのだろうか」と言い、みんなが「まさか」と笑ったのだが、第二次世界大戦の日本を暴走させる狂気の理論体系を作ったハウスホーファーは、じつは同じように、祖国ドイツでもヒトラーのヨーロッパ各地侵攻に大きな役割をはたしていた。

ヨーロッパの地図を開くとソ連の北東部に白海がある。その白海にセーベルナヤドビナ川が流れ込む東経四十度の地に、アルハンゲリスクがある。そのアルハンゲリスクから南斜めに線を下ろしていくとソ連の首都モスクワにでくわす。その線をさらに引き下ろすと、線は黒海を越え、トルコの首都アンカラにたどりつく。この線をさらに地中海を越えて伸ばすと、紀元前から栄えていたエジプトの町、東経三十度のアレキサンドリアにたどり着く。ヨーロッパには北から南までアルハンゲリスク、アンカラ、アレキサンドリアと地政学的に斜めのスリーAラインが引かれているのだ。ライン上にはウクライナの穀倉地帯、バルカンの地下資源、そして黒海から続く石油地帯が続く。偉大なドイツ民族はその本質として発展すべきであり、発展のためには、スリーAラインにそって侵攻し、食糧、地下資源を確保すべしとハウスホーファーは提唱した。

日本ではハウスホーファーの論理を受け継いだ小山栄三がいたが、ドイツでも同様にハウスホーファーの論理を受け継ぐ人間が現れた。彼の教え子、ルドルフ・ヘスだ。ヘスを介してハウスホーファーはヒトラーと知り合う。ヒトラーはチェコスロバキア、オーストリアを武力で統合した後、北アフリカ作戦、ソ連攻撃とハウスホーファーの説く狂気を走る。スリーAラインを国境として制圧してしまえば、ヒトラーが夢見た千年王国、第三帝国の基礎は確かに盤石なものになったかもしれない。

日本とドイツを狂気の暴走に導いたハウスホーファーは一九四六年三月、妻を道連れに、服毒後、割腹自殺した。

太平洋におけるABCD包囲網を骨子に、「太平洋への全面的注意喚起と大東亜共栄圏の自覚」「日本海軍の威力と米英軍備比較」「太平洋経営による国民犠牲の必要性とその覚悟」「太平洋における資源と各国の経済的文化勢力」「日本民族の太平洋への発展の必然性」の五つのテーマを解析、解説する大掛かりな「太平洋報道展」の企画がようやくまとまった。

戦前の広告づくりというのは、文案家からもらった文章を、図案家自らがレタリングで描き起こし、必要とあれば挿絵さえ描いて仕上げるという、家内工業的作業がほとんどだった。一枚のポスターをつくるのならそれでよかった。報道展となると、さまざまな訴求点を立体的に展開し、地図、写真、イラストなど表現内容にいろいろ工夫を凝らして、会場を入ってから出るまで、見る人を飽きさせないよう、わかりやすく説明していく必要があった。

全体を束ねる企画監督者と、それぞれのテーマの構成を考える企画構成者、そしてそのテーマにふさわしい的確な文章を書く文案家、一つひとつのパネルの構成案を展開する図案家、レタリングマン、イラストレーターと分業でやらなければ、とても対応できるものではなかった。報研に集まったメンバーは、山名を企画監督者にして、彼自身が構成企画した三十五枚もの展示パネルを、それぞれの役割分担で制作し、この報道展を乗り越えようとした。

広告企画制作の世界において、いまでは常識になっているクリエイティブ・ディレクターのもとにそれぞれの専門職が集まり、全員でひとつの広告表現を創出していく、プロダクション・システムの、おそらくこれが最初のものとなった。

それは扱おうとするテーマが大きく、全体を語らなければ、いまおかれた日本の状況を説明しきれない、必然の苦肉の策だった。裏を返せば、それだけ日本はさまざまな局面から、破綻に向かってもう滑りだしていた。しかし、山名たち報研メンバーのだれ一人としてそのことには気づくことなく、制作に熱くなっていた。

「視覚的に見せるには、南洋の写真がぜひほしいけど、手に入らないしな」と嘆く山名に、新井がこともなげに言った。

「写真を藤本四八さんに、撮りに行ってもらいましょう」

「ええ！　どうやって。海軍に頼んで飛行機にでも乗せてもらうの？」

「さあ、どうやれば行けるかは別にして、写真がなければ報道展にならないし、仕方がないでしょう」

「費用はどうするの？」心配顔の山名に、新井がまたも涼しげに言った。

「なんとかなるでしょう。みんなで割り勘にして、それでも足りなかったら、私は自分で負担してもいいと思っています」

優男の顔をしているが、新井はここまで根性がすわっていたか、そこまで思いつめていたのかと山名は驚くと同時に、この報道展をなんとしても成功させるという、新井の意気ごみに圧倒された。

調べてみると、南洋定期便が出ていることがわかった。サイパン行きを検討しだした二日後、情報局からこの報道展に一万五千円の補助金の供出決定の連絡があって、山名と新井は手を取りあって喜んだ。

忙しいのは新井だった。報道展のコーディネーターとして各地を飛び回りながら、報道展の一枚一枚の原稿を、ほぼたった一人で書かなければいけなかった。しかもデザイナーたちが制作にとりかかる前に、展示台本にそった原稿はすべて完成していなければならない。昨日までチョコレートやビスケットの広告しかつくってこなかった男なのだ。

「育てよ、大陸の子」「もっとビスケットを食べよう」と書いていたものが、「これからの太平洋は刻々として有史未曾有の一大戦略的空間となりつつある。東亜民族の共存共栄を妨害せんとするアングロサクソンの執拗な侵略搾取政策はいまや大規模なる軍備拡張計画を以て積極的攻勢に転じて来たのである」とすらすら書けるはずがなかった。新井は情報局に上田情報官を訪ね、アメリカの軍備のことを、小山の人口問題研究所を訪ね、大東亜共栄圏の人口問題のことをこまごまと取材して歩いた。取材が終わると新井は一気に書きだした。

「千古不易《せんこふえき》の静けさを破って、太平洋に不気味なうねりが漂って来た」

山名が割りふった全体構成に対して、それぞれのパネルでの説明文書と、ポスターのキャッチフレーズができあがったのが、二月十六日だった。翌日に展示構成案と各文案をもって、情報局の林と上田両情報官を訪ねた。細かい軍事用語の訂正を受けただけで、新井が何日も徹夜して書いた、慣れない世論形成の原稿は簡単に許可が出た。

新井はなんだかほっとして、あとは自分は渉外に徹すればいいと思った。

森永でやってきた経験から、新聞社を動かせば世論が動くことを、新井はよく知っていた。この展覧会を成功させるには、新聞社をはじめから味方につけておくことが必要だった。だが新井は長い経験から、自分たちのやろうとしていることをそのまま伝えても、相手は興味をもってくれないこともよく知っていた。新聞記者の興味のあることから入りこみ、自分たちのほんとうに訴えたいことを新聞に書いてもらうのが、広報のポイントだった。売りはサイパン、パラオ撮り下ろし国内初の太平洋報道展だ。新井の東奔西走が功を奏して、一九四一年一月二十一日の朝日新聞に、こんな記事が出た。

国際情勢微妙化しつつある太平洋に国民の関心と輿論を集中し固き決意をもって起ち上がらせようと報研では情報局の指導と後援を得て来る二月二十四日から二十八日まで（午前九時～午後九時）銀座資生堂ギャラリーで太平洋報道展を開くことになった。この研究会は指導理論家をはじめ画家、宣伝美術家、報道写真家、設計家などの広い分野に亘る技術家を糾合した団体で新制作派協会の伊勢正義、日本工房の藤本四八、人口問題研究所の小山栄三の諸氏が委員となりその最初の仕事として太平洋報道展を開くことになったもので会場には写真、地図、グラフ、パンフレット、ポスター、立体的宣伝物を展示する外、会員の藤本四八と宣伝企画の平岡達の両氏は材料収集のため二月五日、南洋定期飛行でサイパン、パラオへとぶ。

報研発足時には、家の仕事が忙しいからと参加しなかった平岡だったが、報研が動きだし、みんなが忙しく働きだすと、いてもたってもおられず、さっそく会員に加わってしまった。コピーライターの手薄な報研にあっては、平岡の参加は新井にとってありがたかった。それ以上にありがたかったのは、平岡の実家がふたり分の飛行機代をぽんと立て替えてくれたことだった。

藤本と平岡は、横須賀追浜《おっぱま》の海軍航空隊基地から朝の八時にサイパンに飛び立った。

横須賀は雪がちらちら降っていた。藤本は職業がら、それまでも赤とんぼとよばれる軍の練習機や、爆撃機、偵察機にも何回も乗っていたが、平岡はもちろんはじめてだった。大型の双発エンジンの川西式飛行艇は、スピードが極端に遅かった。横須賀からサイパンまで九時間の間、平岡はただただ身を固くするしかなかった。

夕方の五時ごろ、飛行艇はサイパンの海に着水した。海軍の快速艇が真っ青な海に真っ白な波を蹴立てて、藤本と平岡の飛行艇に向かってくるのが印象的だった。半袖のシャツに半ズボンの青年士官が、ふたりを見るなり敬礼した。ふたりにはそのきびきびした態度がなんとも頼もしかった。

次の日早くから、青年士官の車で案内されて、藤本がサイパンの風景を撮り回った。撮影を終えるやいなや、さっそくふたりはパラオに向かった。パラオまでは六、七時間と聞かされていたが、パラオ間近になって、突然雲行きが怪しくなってきた。大きな揺れと同時に、頭の上の荷物が音を立てて落下した。操縦席から無線通信士があたふたと飛びだし、藤本の前に座る海軍士官に、「パラオ島周辺に猛烈な台風が発生しております」と告げると、また急いで操縦席に戻った。揺れは激しく、巨大な両翼は折れ曲がるのではないかと思うくらい上下に揺れ動いた。

突然静かになった。窓下には真っ黒な雲がもくもくと満ち、ところどころに雷雲の白い柱が立っていた。それまで藤本の前の席で白い海軍の軍服を着て、軍刀に両手を置いて微動だにしなかった海軍士官が、その雲を見るなり立ち上がった。

「いかん。雷雲に入ると艇は空中分解してしまう、私が操縦をしよう」

海軍士官は軍帽をかぶりあご紐を掛けると、軍刀を右手に持って操縦席に駆けこんだ。

艇はパラオ島の周囲をぐるぐる回りながら着水を何度も試みるが、そのたびに黒い雲に阻まれた。一度は海面すれすれまで降りたが、ものすごい波濤に煽られ、ふたたび上昇せざるをえなかった。島の椰子の木が無残に倒れているのを見て、藤本はもうダメだと観念した。平岡は両手を前の席につけ、頭をその間に埋めて、歯をガタガタいわせて恐怖にただ震えていた。

艇は真っ黒な雲の間にわずかな間隙を見つけると、そこをめがけて急降下した。飛行艇はものすごい音とともに着水した。高い波間に激しく上下したが、艇は爆音と水煙をあげ、陸地に向かって滑走していった。ふたりは助かったと、お互いの肩をひしと抱きしめた。

後で知ったのだが、海軍士官はパラオ飛行場長で、この島の気象状況を十分わかっていた。飛行場長が乗っていなければ、ふたりは海のもくずと消えただろう。

パラオはサイパン同様、日本語を話す島民がのんびりと暮らす島だった。小学校は日本と同じ教科書を使っていた。パラオ、マリアナ、カロリン、マーシャルなど南の島々は、第一次世界大戦後、日本が統治を任された広大な海域だった。ミクロネシアの人たちは、藤本から見るとさすがに水の王者だった。カヌーを操り、網とモリで魚を獲り、活きいきと暮らしていた。島は平和そのものだった。海軍の基地もほとんど目につかず、素朴な島民の暮らしは豊かだった。彼らを守りつづけるために、日本は南洋海域の統治を一手に引き受けているのだと痛感しながら、藤本はカメラのシャッターを夢中で切った。藤本と平岡はサイパン、パラオ、ヤップの島々の取材を終えて、太平洋展開催のわずか四日前に無事日本に帰った。

ふたりが台風に翻弄され、飛行機酔いに悩まされながら取材撮影をつづけているころ、日本ではいよいよ報道展の制作が終盤を迎えていた。

山名は自分一人で見知らぬ森永の連中と組んでも、膨大な展示数のパネルを制作できるとはとても思えなかった。自分の発する微妙なことばのニュアンスを汲んで、実際の造形物に仕上げてくれるスタッフがどうしても必要だった。やはりここは、日ごろ一緒に制作をやってきた人間がいちばん安心できた。資生堂のデザイナー岩本守彦、近江匡、渡部豁《ひろし》の三人を誘った。仕事が終わると四人は一緒になって、銀座から成城にある山名の自宅のアトリエに向かった。

アトリエには全判のベニヤ板七枚が持ちこまれ、四人はそれをつなぎ合わせた大壁面の制作にさっそく取りかかった。

資生堂の仕事ではお互い商品のことは十分わかっていたし、新しい知識を身につけながら、制作を行う必要がなかったが、こと報道展に関してはまったく勝手が違った。企画にそって取り上げる内容を勉強、検討し、表現の仕方を話し合わないと、とても前へ進まなかった。そんな経験はお互いはじめてだった。

山名が、自分で構成した七枚の展示テーマを事細かく書いたラフスケッチをみなに渡す。そのラフをもとに、紙も貼らずベニヤ板にじかに鉛筆で、岩本たちはまず太平洋を中心にした地図を描いていった。陸地はごく淡い薄墨で埋めていく。山名がハウスホーファーの菊判の重々しい本を開き、「ほら、墨だけでこんなに表情のある地図をつくっているだろう」と、折りたたんだ太平洋の地図を見せ、それを参考に岩本たちは彩色をしていく。そして要所要所の地名を入れると、ようやく巨大な拡大地図ができあがった。

「ここまではだれでもできる。これからが重要なんだ。日本を取り囲んだ敵国が、いかにして脅威の手を伸ばそうとしているか、それを文章で語るのではなく、ひと目でこの地図で語らなければならない。それが報道という概念だ。思い切り不気味な矢印を、ハワイから、インドから、入れるんだ。日本がABCD包囲網に囲まれていることを、視覚的にわからせるのだ」

山名はハウスホーファーの地図を見ながら、そう指示した。岩本が地図の上に、薄く鉛筆で敵国の触手の矢印を書きこんだ。山名がそれを見るなり叫んだ。

「ダメだ、ダメ。岩本君、よく考えろよ。不気味さってなんだ。直線は人に恐怖を覚えさせるものか？　おどろおどろしいってなんだ。ちょっとどいてくれ」

山名はベニヤ板の前に出ると、薄い鉛筆の曲線で日本に迫ろうとする脅威を描きだしていった。それは間違いなく、山名がこれまで描いてきた資生堂唐草の曲線だった。美しく女の髪に絡んでいた唐草が、今度は太平洋の左右上下から不気味に触手を伸ばし、日本をからめとろうとしていた。なるほどと思いながら岩本は、山名に指示された脅威の唐草矢印を描き、海軍や空軍の勢力図を毎日少しずつ描きこんでいった。

四人でアトリエにこもって大パネルと悪戦苦闘していると、北の護りとして、日本はアッツ、キスカに基地を設けたという、ラジオの臨時ニュースがあった。さっそく最新の情報として、自分たちのつくった大パネルの地図にアッツ、キスカを描き入れることにした。アトリエにある世界地図を持ちだしてはみたものの、そのあまりにも小さな島はどこにもでていなかった。「どこにある島なのだろう」。四人には、世界の脅威から日本を護るための北の最前線基地はとても大切なものに思えた。

翌日、山名がアッツ、キスカの場所を調べてきた。さっそくその場所をベニアの地図に描きこむことになった。岩本はその太平洋に浮かぶ小島こそ、これからの日本にとってとても重要な拠点となるように思えた。しかし太平洋のあまりの広さのなかで、その島はとても無力にみえた。岩本はつい、その島を大きく濃いめに描いた。この地図をいま描いていることが、緊迫した日本の情勢のなかで、もっとも新しく生々しく国家と自分が直結しているという実感が、岩本のなかでたしかにあった。

それはほかの三人も一緒だったのだろう。その日の仕事が一段落しても、みんな成城をなかなか引き上げようとしなかった。岩本は「山名さん、こんな意義のある仕事に誘ってくれてありがとうございます」と何度も頭を下げた。のちにこのアッツ、キスカ両島で、日本軍が悲惨な玉砕をとげるとはだれも知らず、自分たちの新しい体験にだれもが興奮していた。

最終電車でみんなが帰ったあとも、山名の体の奥深くに、ここしばらく資生堂の仕事では味わうことのなかった、たしかな高揚感がいつまでも残った。岩本が言うとおり、もっとも新しく、もっとも生々しく、いま国家と直結する自分に、興奮を抑えられなかった。山名はがらんとしたアトリエで、いつまでもハウスホーファーの『太平洋地政学』を読みつづけた。

資生堂グループは、山名がアトリエをもっていたので仕事に支障がなかったが、困ったのは森永グループだった。小さなポスター類は平岡の紹介で借りた三浦建築事務所でつくれたが、全判のベニア板の展示物となると、制作する場所がなかった。

全体構成案を建築家の前川國男に最終チェックしてもらうために、彼の銀座の事務所に行ったとき、今泉が制作場所に困っているとついぼやいた。

「それなら、うちのアトリエを使いなさい。残業をするほどの仕事をかかえているわけでもなく、どうせ定時でみんな帰ってしまうのだから」

ちょっと自嘲気味の笑みを浮かべながら、前川はアトリエを提供してくれた。

これで山名、前川のアトリエと、制作現場が二か所確保された。森永グループの今泉以下、村上正夫、相原正信たちは、大きなベニヤ板を何枚も前川事務所に運びこんだ。山名が割りふった展示パネルの展開案をもとに、前川自らが展示の細かい設計案を考えてくれた。説明を聞きながら今泉は、ル・コルビュジェのもとで学んだ建築家から直接指導を受ける幸せに、なんともいえない感動を覚えた。同時にいかに高名な建築家といえど、建築設計の仕事は満州や台湾などにしかなく、日本では、こんな小さなスケールの展示会でさえ、ていねいにやらざるをえない事実に愕然とした。建築ができない時代を生きる建築家の寂しさを思った。それに比べ広告物のなくなった宣伝課から追い出され、子会社のキャンデーストアに勤めてはいるものの、いままで味わったことのない大がかりな国家の仕事をしている自分は、この建築家よりも数段幸せだとつくづく感謝した。

地図や図表、パンフレットの作成が連日つづいた。明朝体でレタリングをするといっても、大きな全判のベニヤ板にレタリングするわけだから、とても少数の人間では足りなかった。東宝映画の土方重巳は、映画関係のデザイナーの友人たちをたくさん連れてきてくれた。彼らは映画宣伝で数多くの人物を描き、文字のレタリングに慣れていたので、今泉は大いに助かった。連日連夜、アトリエは十人以上の人間であふれかえった。

前川はストーブに石炭をくべながら、みんなの働く姿を嬉しそうに見ていた。村上は、ル・コルビュジェに学んだ前川と同じ部屋にいると思うだけで緊張した。

展示会開催日まであと一週間を切り、いよいよ制作も追いこみ態勢に入って、徹夜になった。夜中もすぎて、アトリエも深々と冷えてきた。村上は部屋が冷えるたびに、バケツ一杯に用意された石炭を、遠慮なくストーブにくべた。

「燃料事情が悪いとはいえ、あるところにはあるものですね」

村上は感心しながら石炭を燃やしつづけた。バケツの石炭が空になるのと、徹夜仕事が終わるのが同時だった。そのまま会社へ出かけるもの、アトリエを借りて仮眠をとるものとさまざまだった。村上が仮眠をとっていると起こされた。前川事務所の若いスタッフが出勤してきたのだ。その若い男は怒りながら言った。

「なぜ石炭を全部燃やしてしまったのですか。これはうちの事務所の今月分の石炭全部ですよ。これからわれわれはどうやって過ごせばいいのです」

空のバケツを持って怒る男の名前を、丹下《たんげ》健三《けんぞう》といった。

戦後の前川は国立国会図書館、国際文化会館、東京都美術館と、日本復興のシンボルとなる建築物をつぎつぎに設計すると同時に、国家建築プロジェクトコンペの審査委員長として、広島平和記念資料館、国立代々木競技場、旧東京都庁などで丹下を指名した。建築界では戦後日本の国家思想は、前川から丹下へと伝承されたが、その原点はこの西銀座の前川事務所の師弟関係にあった。

二月二十日、藤本と平岡が、二週間以上にわたる撮影から帰ってきた。報道展にぎりぎり間に合う帰国だった。ミクロネシア諸島の写真が縦九尺、横九尺の大きさにまで引き延ばされた。その写真をパネルに貼りこむほか、経済図表の作成など、開催日直前の二日間は徹夜になった。

村上、友金、菅沼、斎藤、相原、三井と、森永グループのデザイナー全員が総出で取りかかった。石炭は自分たちが燃やしてしまったので、もうない。展示会用に切りだした材木の残りや紙をほそぼそと燃やして暖をとった。夜半に銀座通りをチャルメラ売りが通ると、そのそばを分け合って食べ、少しほっとした。

開催日の朝七時半、ようやくすべての仕事が終わった。後片づけをすませて銀座通りに出ると、材木や紙を燃やしつづけたおかげでみんなの顔は煤だらけだった。しかし二日つづきの徹夜にもかかわらず、まったく新しいことをやりとげた満足感に、だれもの顔が満ち満ちていた。

いよいよパネルがつぎつぎと資生堂ギャラリーに運びこまれた。山名が会場の前に立って一枚一枚のパネルの位置を、現場監督のように大きな声で叫びながら指示した。

一九四一年二月二十四日九時、「太平洋報道展」は開催された。

会場正面には海原を空から俯瞰した写真と、上から下へ指さす手のアップが対になって飾られた。まんなかのパネルには、新井が書いた「千古不易の静けさを破って、太平洋に不気味なうねりが漂って来た」という一文が、白いパネルに大きな明朝体でレタリングされていた。唐草模様のＡＢＣＤ包囲網で囲まれた日本地図の後ろには、三枚のパネルが並べられた。まん中のパネルで白人の横暴に苦しむ各国の状況を図解し、左右のパネルには駆逐艦と進軍ラッパを吹く兵士の写真が大きく貼られ、南進の必要性を視覚的に訴えていた。太平洋における一つひとつの問題とその解決策を、だれの目にもわかりやすく視覚的に説明、説得していた。報研がはじめてつくりあげたその表現方法は、いつも新しい価値観を発信しつづけてきた資生堂ギャラリーで発表されるにふさわしい、感覚にみちていた。

それは、標語だけのポスターや、紀元二千六百年奉賛展で情報局や翼賛会がつくってきた国策宣伝物、デパートで集客のために時節に合わせた画一的な防共展、防諜展などと、明らかに一線を画していた。写真と写真を組み合わせ、あるいは写真とリアルな絵を組み合わせ、その間を読みやすい活字体の文章でつないでいく表現方法は、この三年間、林が一人で実践してきた「目から心へ」の考え方を、山名の手により、美しく昇華させたものだった。そこには山名が「ＮＩＰＰＯＮ」時代に名取から学んだ方法論の、すべてが新しく開花していた。

会場に現れた上田中佐、林の両情報官も、すっかり満足げだ。林は自分が三年かけてつくってきた写真による世論形成理論を、プロの制作者たちはこんなにやすやすと

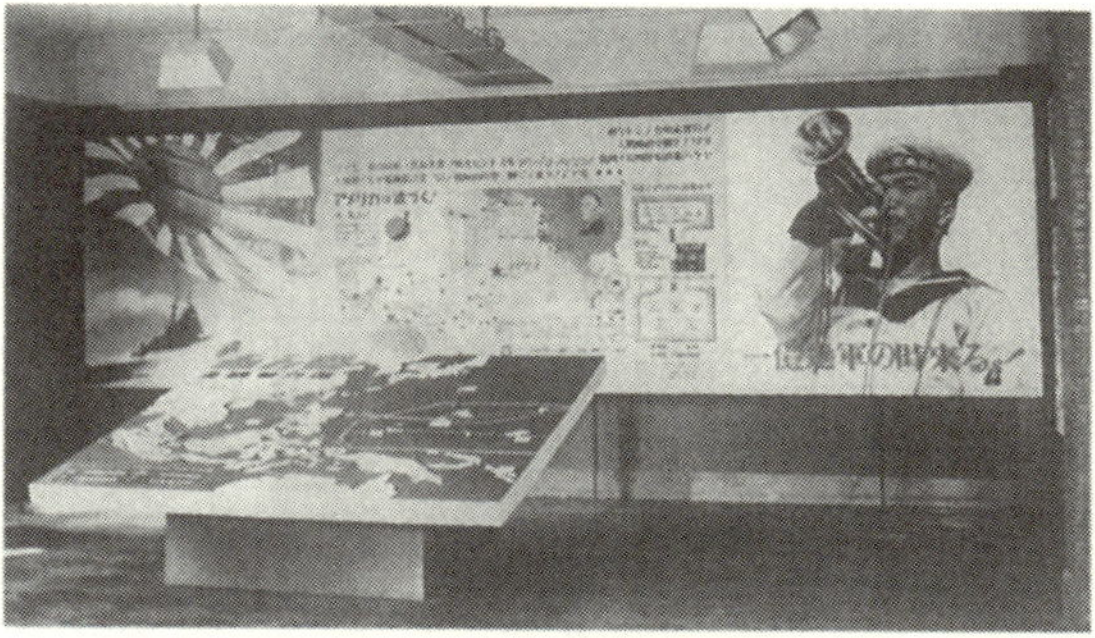

1941年資生堂ギャラリー「太平洋報道展」（山名文夫・今泉武治・新井静一郎『戦争と宣伝技術者』ダヴィッド社より）

高い表現レベルまでもっていくものかと感心した。

小山は「なかなか理知的な構成になった」と、ほめた。

太平洋報道展の出来ばえのよさはたちまち噂をよび、多くのデザイナーも会場につめかけた。亀倉雄策、土門拳の顔も会場に見えた。

東宝宣伝部のデザイナー板橋義夫は報道展を見て、驚きと羨望を覚えずにはいられなかった。自分がやっている映画宣伝のレベルの低さをいやというほど知らされた。文章、写真、イラストからはじまり、統計図、地図など、どれひとつをとってもきめ細かい神経と配慮が行き届いていた。ある種の格調の高ささえ覚えた。報研のメンバーはほとんど知らない人ばかりだったが、こんな人たちと一緒に仕事がしたいと願った。報研メンバーとしてこの報道展に参加していた同僚宣伝部員の土方を会場でみつけると、その場でぜひ自分もメンバーに加えてほしいと頼みこんだ。

小西六でずっとカメラマンをやってきた浜野全平も、衝撃を受けた一人だった。研究会という任意団体が、ひとつのテーマに対し、協働して制作にあたれば、個々の表現がばらばらになっても本来おかしくないのに、みごとにひとつに統合されていることに驚いた。しかもどの表現もいまの日本にあって、最高の技術水準を誇っていた。いつか自分の写真もこのパネルの一枚に採用されたらと思いながら、会場を出た。

電通の社員である大橋正も報道展を見るなり、強い衝撃に打たれた。大橋はのちに平凡出版を興す清水達夫と一緒に、電通が発行する広告研究雑誌「日本電報」の編集に携わっていた。その取材者として報道展に行った大橋は、会場に入るなり驚いてしまった。そこには折り目正しい清潔な表現が並んでいた。それぞれの広告技術者が単に集まったのではなく、組織化された共同体として有機的に機能していることが新鮮だった。山名というこの研究会を代表する制作者が、これだけの人員とそれぞれの才能を束ねたことに、真摯に感激さえ覚えた。大橋はその後何度も報道展を訪れた。

その場で参加を申しこんだ板橋だけでなく、浜野も大橋も、やがて報研メンバーとして写真を撮り、絵筆を握ることになる。

太平洋報道展は評判をよび、会期も当初の五日間から三日延長され、約四千五百人を動員して無事終了した。

報道展が終わると、それまでの日々の慌ただしさと緊張から、今泉が倒れてしまった。病院に行くと、当分散歩も控え静養するようにと診断されてしまった。報道展が終わってからと予定していた一か月後の結婚式も延期になった。今泉はベッドで横になりながら、ハウスホーファーの基礎理論を読む毎日を送った。

そして今度は、山名が不整脈で倒れてしまった。報道展開催日の朝、現場で最後の指揮をとり終わってから、突然不整脈が襲った。会場でも立っておられず、早々と帰った。それでもやはり報道展現場が気になり、四日後の二十八日には早々と会場にでていた。それがいけなかったのだろうか、三月になってふたたび不整脈が激しくなり、とうとう床に臥せてしまった。

じっと眼を閉じていると、一週間前に終わった太平洋報道展の興奮の日々も、山名にはいまは遠い昔のように思えてならなかった。

制作に夢中になっている日々には感じなかったことが、いろいろと山名の胸の内を去来した。昔からのデザイナーの仲間の一人は言う。もうこうなったら田舎に帰って百姓をする、豚でも飼うよと。またあるものは言う。いい機会だから広告を見限り、純粋なものに活路を見つける、日本画を描くと。またある文案家は言う。創作をはじめる、小説を書くと。でもだれひとりとして田舎に帰る者はいず、だれひとりとして筆をとる者はいない。自分だってそうだ。生まれ故郷の和歌山なり、老いた母がいる大阪に帰ろうとはしない。といって、広告を見限り、あのプラトン社時代のように、もう一度絵画だけに生きようとペンを握ろうとはしない。どうしてなのだ。なぜここにとどまろうとするのか。このまま情報局の手先になってもいいのか。不整脈に苦しみながら山名は自分に問いただした。答えはみつからなかった。

考え悩むのも疲れ果て、枕元に置いてあった雑誌「日の出」を開いた。川口松太郎の「春よいずこ」が載っていた。挿絵はもちろん岩田専太郎だった。

去年あんなに興奮した川口・岩田コンビの「蛇姫様」の興奮は、もうそこにはなかった。「蛇姫様」がおもしろかったのは、時代がどんなに変わろうと、俺たちは勝手に生きると開き直り、時代との並走を拒否する清々しさが、川口の文章からも、岩田の絵からも匂い立ってきたからだ。とくに岩田は、時代がどう変わろうと娯楽は娯楽だと、生死の狭間を生きる男と女の姿を、毎日鮮やかに新聞紙面に描きつづけていた。その岩田の潔さに山名だけではなく、多くの読者が惹きつけられた。しかし、現代小説の「春よいずこ」からは、その興奮が消え去っていた。今日を描くと、さすがの川口といえども暗くなった。岩田の絵からも、あの大見得を切ったような、けれんと鮮やかさが消え去っていた。岩田の絵としては、それまでになく地味なものになっていた。岩田も時代にさらされている、と山名は思った。ただ、ものうげにこちらを向く女の目からは、死のにおいだけが立ち上っていた。そしてようやく山名は、なぜ広告技術者は、この時代にこの仕事にしか、しがみつけないのかに気づいた。

広告制作は一見、絵画や文学と似た要素があるため同質のものだと誤解する。しかしまったく違うものなのだ。絵画や小説はつねに「生」の裏にある「死」をかかえこむ。一方広告は「死」を描くことはない。いやそれは「死」を排除するところからはじまる。思考回路がまったく違うのだ。広告仲間のだれも、この仕事を見捨て、絵筆を握り、ペンをとらないのはそのせいだ。とらないのではなく、とれないのだ。広告の仕事をつづける中で「死」を排除することが習い性になった自分には、岩田がかかえる「死」の闇はもう描けない。もう画家の世界へは戻れない、それが山名という男だ。

不整脈という死の恐怖の狭間で、山名は自分の立たされた位置を、ようやく四十三歳にして思い知らされた。元気になっても自分の帰るところは広告の世界、国家情宣の世界しかないのだと山名は決意を新たにした。そうでなければこの後、一介の労働者として工場に徴用される運命しか残っていないのだ。この困難な世を、広告一筋で生きようと自らに言い聞かせた。

腹がすわったところで、新井が嬉しい知らせをもって、山名の自宅を見舞ってくれた。太平洋報道展の費用はすべて、情報局が供出してくれることが決まったという。しかも報道展は今後、全国に巡回するというのだ。赤字が出たら自分が負担します、と言いつづけていた新井に迷惑をかけずにすんで、山名は心底ほっとした。

滑りだしの幸運は、その後もずっと報研を護りつづけてくれた。

太平洋報道展以来、情報局は、つぎつぎと報研に制作を依頼した。またそれだけではなく、情報局に相談にくる関係各省の宣伝部に、積極的に報研を推薦してくれた。しかも報酬は、一般水準を超え、過不足のないものがやがて約束された。山名以下報研のメンバー一人ひとりは、広告技術者としての矜持《きょうじ》をもちながら仕事に専念しだした。

太平洋報道展のころの情報局第五部第一課の本野盛一課長、上田俊次中佐が、河野課長、土田隼課長に変わり、林情報官のほかに小島、西沢情報官が加わるなかで、仕事を通して報研と情報局の結びつきは一段と強くなっていった。いつの間にか、情報局の外郭団体として、第五部第一課の啓発宣伝のために、なくてはならない存在になっていた。

　ふたりの神父が持ちこんだ「日米国交打開策」をもとに、一九四一年四月十七日、野村吉三郎駐米大使とハル米国務長官との間で「日米了解案」がまとまった。さっそくこの案は翌十八日日本政府に返され、近衛文麿は日米問題の懸念が解決すると喜んだ。陸軍、海軍大臣のほか、ほとんどの大臣が賛成し、一気に日米問題は解決しそうになった。本多熊太郎、白鳥敏夫、栗原正、松宮順、重松宣雄、仁宮武夫、そして伊藤情報局総裁など、外務省対米英強硬派官僚は焦りに焦った。このままいったら、自分たちの立場は完全になくなってしまう。

　しかし、その焦りを救ったのは首相、近衛文麿の優柔不断さだった。外遊中の松岡洋右外相の意見も聞こうと、近衛は結論を出すことなく、この問題を先延ばしにしてしまったのだ。

　松岡外相は前年九月の日独伊三国同盟に引き続き、四月ヒトラーと親しく膝を突き合わせて会見を繰り返し、モスクワに渡ると、四月十三日独断で日ソ中立条約を成立させて、意気揚々と四月二十二日帰国した。ヒトラー、スターリンとふたりの巨頭と会見して来た松岡の興奮は冷めやらず、「この日米了解案を飲むのは外務省の恥だ、陸軍の陰謀だ」と突っぱね、締結は不和に終わった。ほっとしたのは対米英強硬派だった。松岡外遊時、外相代理を兼ねていた近衛文麿首相が、ほとんどの大臣が賛成した日米国交打開策を受け入れ、ルーズベルト大統領と直接話し合い、お互いの問題解決を図る機会がたしかにあった。あの戦争を回避できる、それは唯一の機会だった。日本が別の道をたどる可能性は十分あった。結論を引き延ばした空白の五日間が、日本を底なしの戦争に巻きこんでいく。わずかの決断の機会を近衛文麿が無にしてしまい、全国民を悲劇に導いていくことになった。

山名の資生堂での仕事も大きく変わっていた。容器不足からつぎつぎに製造中止に追いこまれ、主要商品の容器は陶磁器に変わった。生活必需物資統制令とともに、化粧品はすっかり立ちいかなくなってしまった。資生堂は外傷薬、ビタミン剤、下痢止めなど、薬品やインク、万年筆などの雑貨を発売することでしのいでいた。

七月、山名たちの所属する「意匠広告部」は「宣伝普及部」に名称が変わった。時局に「意匠」はふさわしくないとの判断からだった。資生堂は自ら「意匠を卑しめないこと、意匠に殉じること、意匠を第一義とすること」を放棄した。山名は「一日一球体位向上、資生堂ビタミックス」「スフ・人絹の五倍、補給剤、資生堂スフリン」「救急に・便秘に、資生堂リスリン浣腸」「お願い、資生堂化粧品の空瓶はお忘れなく販売店に御渡し下さいませ、お礼の印に粗品を進呈致します」というような、意匠を卑しめるような広告に手を焼いた。

八月二十六日、母ゆきが大阪の三男有の家で亡くなった。八十六歳だった。山名は三十歳のとき、プラトン社が事業をたたんで行き場がなくなり、母の横で犬のように四股を伸ばし、眠り呆けていた幸せな日々を思いだし、涙した。

一九四一年十二月八日、突然ラジオから臨時ニュースを伝える軍艦マーチが鳴った。ハワイ真珠湾攻撃の成功と、アメリカと戦闘状態に入ったことを、アナウンサーが興奮気味に叫んでいた。

山名は、太平洋報道展で書いたことが、ほんとうに起こってしまったことに茫然としていた。日常的に情報局に出入りしていた山名だったが、アメリカとの戦争が起きるという話は一度も聞いたことがなかった。資生堂に向かう銀座通りでは、万歳を三唱しながら歩く一団とすれ違った。臨時ニュースを聞いた人々は手を叩き、なかには躍り上がっているものもいた。しかし、みんながアメリカとの戦争を手放しで喜んでいるようにはみえなかった。山名たちの報道展を見て、こうなるのが当然と納得している人がいるとは思えなかった。

開戦の日の午後、福原はいつものように、山名たちが詰める宣伝普及部の自席についた。社長を譲り、会長に退いてからというもの、福原は会長室には顔を出さず、宣伝部の席だけを自分の席と決めていた。白川虔三《しらかわけんぞう》宣伝普及部長が新聞社からもらった戦況を説明した。福原は終始黙って話を聞きつづけた。説明が終わると一言だけ言った。

「たいへんなことになりましたね」

太平洋報道展をつくった山名自身のなかにも、この戦争への釈然としない思いがあった。しかし、とにかく戦争はたしかにはじまったのだ。そして山名はふたつめの広告図版Bをつくり、ふたつめの文章を書くことになる。

八　大政翼賛会と花森安治

太平洋戦争がはじまって半年以上になる一九四二（昭和十七）年の、夏の暑い日の午後だった。

新橋・烏森口の、バラックのような酒屋の二階にある報研の事務所に村上正夫が一人でいると、電話がなった。相手は翼賛会の花森と名乗り、「一度、報研の方と会いたいので、こちらに来てくれませんか」とていねいに言った。

村上が翼賛会から電話があったと報告すると、新井静一郎が嬉しそうに言った。

「翼賛会から会いたいと言って来たか。これで仕事がまた増える」

山名文夫がそれを受けるように言った。

「情報局、翼賛会となれば、また忙しくなりますよ。いまのわが国で、このいちばん大きな組織ふたつと仕事ができるなら、願ったりかなったりですからね」

「山名さん、さっそく東京會舘へ行ってみましょうよ。だれを訪ねればいいの」

新井が村上にたずねた。

「花森さんという方を訪ねてください」

「花森、珍しい名前だね。でもきれいな名前だ」

山名はデザイナーらしい感想を述べた。ふたりとも仕事があれば嬉しいのだ。とくに新井は、広告といえばもう報研の仕事しかしていないのが現状だった。

というのも、太平洋報道展が開催されて話題となり、報研が注目を浴びるのと同時進行するように、新井の本業である森永が厳しくなっていった。原料の入手困難に加え、準食料品と指定された製菓事業は統制強化指導を受け、広告は極端に縮小された。森永は創業以来、広告を経営の基幹におき伸びてきた。販売促進の範疇から大きく踏みだした社会的文化事業をつぎつぎに打ちだし、話題を集めてきた。新井も文案家というより、販促事業の旗振り役として動きまわることで、時代と並走する充実感を生きがいにしてきた。なのにその規模はどんどん小さくなり、水脈はやせ細り、もう枯れそうだった。

たしかに太平洋報道展以降、報研には情報局だけでなく、日本勧業銀行、満州国、警視庁、大日本飛行協会からも仕事が増えていた。つくる広告はどれものきなみ好評だった。なかでも先般松屋のショーウィンドー全面を貸し切って開いた「第二次世界大戦独伊戦争ポスター展」は話題になった。小西六の浜野全平カメラマンが、霞ヶ浦少年航空隊の少年航空士を撮影した「空ゆく少年展」では、若い世代の飛行士志願者がずいぶん増えたと聞く。しかし大きな声では言えないが、やはりどんなに小さな仕事でも、本家の森永の広告づくりのほうが楽しいのだ。国家のお役にたつ仕事だからと自分に言い聞かせても、大東亜の制圧が自分たちの明日にとってどれだけの意味があるのかと、ときどき疑問を覚えた。だから新井は、些細な森永のちまちました仕事にも全力を注いだ。

しかし報道展から五か月後の一九四一年八月、森永は業界他社に先がけ広告中止を打ちだし、広告課の解散を決めてしまった。新井は配給部へ異動することになった。新しい職場ではすることもなく、いっこうに楽しくはない。黒板には得意先回りと書きながら、築地の三浦建築事務所の報研に日参しているのが現状だった。本業の菓子の広告ができない寂しさを打ち消すように、報研の仕事に力を入れた。しかし、それはいつか会社にも知れることになる。配給部のなかで、新井の浮いた存在に冷ややかな視線が集まった。あんなに自分が愛した森永も、あんなに熱く飛び回った仕事の日々も、すでになかった。

太平洋戦争勃発以来、報研は仕事とスタッフがふくらみ、一九四二年七月に、新橋の烏森口に自前の事務所を開かざるをえなくなった。

機を同じくするように、新井は辞めるときがきたと、会社に辞表を出した。

築地の報研の事務所と同じビルの下の階に女性相互協会という団体があり、取り仕切っているのが、まだ若い田中政江だった。ファッションモデル協会のはしりのようなもので、政江は三十人ばかりの若い女性を配して、販売促進策を一手に引き受けていた。いつのまにか報研の若い連中と親しくなった。しかし、開戦以来、政江のモデルクラブまがいの仕事も思うにならなくなった。手持ちぶさたにしているのを見て、新井は政江を報研の経理事務担当として迎え入れた。東宝の宣伝部を辞めた板橋に、月給百五十円で専任の事務所員になってもらった。すると、もう二人の給与で精いっぱいだった。新井が森永を辞めたからといって、報研の専任になるほどの余裕はとてもない。

結局新井は、日本宣伝文化協会の発足と同時に、そこへ移ることになった。情報局と翼賛会が音頭をとり、電通を中心に、宣伝に携わる人間を一堂に集めた組織で、宣伝技術者の「総団結」「総登録」を目的とした。それは広告物のすべてに国家が目を通すことを意味した。属さないものは仕事ができず、応召、徴用の対象になった。実際、祐乗坊などは、太平洋報道展が終わるのを待つようにして応召され、出征していた。

その新しい組織から、制作部長でこいと声をかけてもらえるだけでも、新井にとってはありがたかった。森永の村上も一緒に移ることになった。しかし、新しい協会は報研ほどに、自分の技量を発揮できる場ではなさそうだった。

今泉はすでにこの年の三月、森永キャンデーストアを辞し、原弘が主宰する東方社に移っていた。戦時中に各国の情報機関で「この美しい雑誌はだれの手により編集された」と話題になる、海外向け日本宣伝誌「ＦＲＯＮＴ」のアートディレクションをしながら、報研の仕事を手伝っていた。相原も森永を辞め、富士電機に転職した。みんな離散していった。ただ報研の仕事で、顔を合わせることだけが楽しみだった。

報研は忙しくしているものの、まだ全員がそれで食べていけるという状態ではない。本業に携わりながら、報研の仕事は副収入とみなしてもらわないと、とても経営的には成り立たなかった。だがその本業がだれも怪しくなっていた。みんなの暮らしが窮状するなか、報研幹事役の新井は、会員の働きに見合う報酬を支払う必要に迫られた。

それは山名にとっても同じだった。アメリカとの戦争がはじまったとたん、十二月二十五日に鉄製品製造制限規制令が施行された。資生堂では容器八品、蓋十品、口金二品、押し金三品、皿五品が規制にひっかかり、製造ができなくなった。物を売るなという時代がついに到来したのだ。化粧品そのものは、量的規制は受けていたが、まだ製造はできた。

問題はつくったはいいが、その化粧品を入れる容器がなかった。透明のガラス容器などもってのほかで、屑ガラスを原料に、黒色のガラス容器の製造は許された。しかし、その屑ガラスの仕入れさえ規制され、容器をつくることはできなくなった。結局、いま出回っている無傷の容器を回収し、それにできあがった化粧品を詰めるしかない。山名の仕事は化粧品の商品広告ではなく、「空き容器回収のお願い」広告のみとなった。

それでも山名は、自分がデザインした容器のイラストレーションをていねいに描きあげ、「この容器を回収ください」という文章をレタリングした。自分でもほれぼれするような、こんな美しい容器をデザインできた時代が、ついこの前まであったのだと思うとつくづく寂しくなった。

だからたまに容器回収の広告でなく、商品広告の仕事がくると夢中になった。シャンプーの広告で、久しぶりに長い髪を垂らした女性の横顔を描いた。描きあがった絵を手にしてみると、よくもここまで細密に描けるものだと自分でも感心した。資生堂宣伝部も仕事が減り、人員も少なくなっていた。周りの目を気にせず、集中して描けるからこそのできばえだった。

「それにしても、たいした職人ぶりだ」

山名は、自分のていねいすぎる仕事に自分であきれはて、思わず声に出して言った。そう、いまは「戦う」「征く」「勝つ」ということばばかりの仕事なのだ。

でもその荒々しい仕事でも、ものをつくっている幸せを感じるから不思議だ。報研委員長として、会員の連中に十分な仕事と、少しでも多くの報酬を用意するためにも、いまは荒々しい仕事を広げたかった。

だから山名も新井も、翼賛会からの電話に浮き立った。一九四二年八月の暑い日、ふたりは大汗をかきながら、翼賛会が接収した日比谷通りの東京會舘に出向いた。

しかしこのとき、こんな荒々しい時代にあっても、ものをつくるこだわりに満ち満ちた一人の男、花森安治《やすじ》との出会いがはじまるとは、山名は思ってもいなかった。

翼賛会は、日中戦争がはじまって三年後の一九四〇年十月に結成された。近衛文麿首相自らが総裁となって、長期化した戦争と政治の行きづまりを打開するために組織した。あらゆる国民の生活を、戦争のために統制する政府の補助機関としての役目をもち、宣伝部は戦意高揚、生産増強を旗印に、組織の中心的な役割を担っていた。

宣伝部長は久富《ひさとみ》達夫といった。久富は東京帝国大学出身で、学生時代は帝大新聞の記者をして卒業と同時に、毎日新聞に入社した。毎日新聞政治部長から情報局次長となり、翼賛会ができると宣伝部長を兼務した。情報局と翼賛会は一体となって広告戦略を考え、それぞれが役割分担を明確にして国家情宣にあたるのが本来の姿だった。その振り分けは兼任者の久富の仕事だったが、ふたつの組織はいつまでもばらばらに仕事をしていた。

副部長が八並璉一《やつなみれんいち》といい、久富が毎日新聞の政治部長だったときの政治部員だ。宣伝部員に川本信正がいて、読売新聞の運動部の記者から翼賛会入りしていた。翼賛会宣伝部の主力は新聞記者で構成されていたわけで、久富や川本が、学生時代からラグビーの選手でスポーツ好きだったため、きわめて体育会的体質の組織となった。

花森は、川本信正より少し遅れて翼賛会入りした。呼んだのは久富達夫だった。というのはみんな新聞記者あがりで、この時局の大所高所をぶつものは自分以下大勢いるのだが、国家情宣となるとじつはからっきしダメだった。とても系統だてて戦略を構築できる人間がいない。それに文案ならともかく、デザインとなるとまったくお手上げだった。だれかいないかと考えたところ、久富の大学新聞時代の後輩で、イラストなども自分で描く花森のことを思いだした。

たしか学校を出て、伊東胡蝶園でパピリオ化粧品の宣伝をやっていたはずだ。調べてみると、花森は応召されて中国戦線に投入され、結核を患い、傷痍軍人になり、帰国後は療養生活を送っていた。久富が連絡をとると、ようやく体も癒えて、さてこれからどうしようかと考えていた二十九歳の花森は、願ったりかなったりで、一九四一年春、翼賛会入りした。

入ったはいいものの、たしかに翼賛会宣伝部は新聞人特有の集まりだった。みんな「ねばならない」は言うものの、実際に仕事をこなしていく人間がまったくおらず、花森は驚いた。系統だてて国家情宣の戦略を組もうという意識さえなかった。なにかといえば、国民からのスローガン募集だ。それで参戦意識の高揚がなされたとみんな信じて疑わなかった。

まして、翼賛会に出入りしている宣伝制作者のレベルの低さといったらなかった。デザインにまったく神経がいきわたっていない。きたなく汚すことがデザインだと勘違いしているのではないかと疑うくらい、ひどいデザインが上がってくる。文案を書かせてみれば、「報国」だの「撃ちてし止まん」だので事足りると考えているのか、なんの工夫もない文案ばかりだ。そんななかで、情報局の頭抜けて質の高い仕事が、この一年半近くつづいているのを花森はよく知っていた。

資生堂ギャラリーで行われている太平洋報道展がよくできていて、人もずいぶん集めているという噂を聞き、さっそく花森も銀座にでかけてみた。たしかにその報道展はよくできていた。なぜ大東亜圏建設がわが国の急務なのか、なぜアメリカが問題になるのかを、唐草模様のＡＢＣＤ包囲網を基調にして、ことばと図解と写真でわかりやすく伝えていた。報研という、まったく知らない組織に瞠目《どうもく》したといっても言いすぎではなかった。

その後も情報局やほかの機関の国家情宣で、花森がこれはと思うものは決まって、報研がかかわっていた。「戦う独伊展」「大東亜戦争展組みポスター」「満州国十周年ポスター」「シンガポール陥落の立て看板」「海洋思想普及展」「空ゆく少年展」「日鉄清津工場鎔鉱炉建設のための組みポスター」と、いつも質の高い仕事ぶりだった。新聞が立ちいかなくなったいま、人々に世論形成をはかる手段として、大きなベニヤ板を張り合わせ、三枚構成で訴えるその展示法には、興味をそそるものがあった。明らかに「展示報道」とも呼ぶべき、新しい媒体をつくりだす意欲と気概にあふれていた。

その志に、花森は清々しささえ感じた。よほど企画設計者にしっかりした人がついているにちがいないと、花森はみた。イラストもレタリングも群を抜いており、質の高い職人たちの手によって、ていねいにつくられていることは明白だった。

こんな人たちと仕事をしたいと思いながらも、情報局が育てた技能集団を引き抜くような真似はできないと、この一年半、報研の仕事ぶりをずっと見ていた。しかたなく花森は、自分が翼賛会に入る前から出入りしている広告技術者たちを不承不承使ってきた。しかし何度言っても旧態依然とした図案と手垢のついた文案ばかりだった。これでは声高にかけ声をかけるだけで、読み手である国民になにも訴えないのは火を見るよりも明らかだった。結局、花森が自分で手を入れたり、文案を直したりしないといけない。できれば自分のところにスタッフを揃えて、自分でつくるほうが早いと思うくらいだった。

困り果てた花森は、情報局で育った広告集団を翼賛会で使っていいものかと久富に相談した。磊落《らいらく》な久富は大笑いし、「俺が次長をやっている情報局と、俺が宣伝部長をやっている翼賛会とで、なにを遠慮することがある。そんなにいい集団ならどんどん使え」となった。

そしてさらに、「上のほうや大臣、軍部が、ああでもないこうでもないと口を出すたびに、変更だ、書きなおしだとおおわらわで、間に合わないとなると花森が直接やってるのでは、君もいくら体があってもたまらんだろう。そんなに優秀なら、机を置いてぜひこっちに出向してもらったらどうだ」と付け加えて、花森の電話となった。

山名と新井は東京會舘の前に着くと、濠端から吹いてくる風に少しあたって汗を抑えたのち、意を決したように扉を開いた。

副部長の八並と花森が出てきた。花森はその名前と程遠い印象の男だった。いがぐり頭でつらがまえはオニガワラのようだ。今後いろいろ仕事を頼みたいという翼賛会の申し出を断る理由は、ふたりにはもちろんなかった。黙って頭をさげた。

ところで、と八並副部長が言った。「あなたの思想について聞きたい」。山名はまったく考えてもいなかった質問にたじろいだ。どう答えていいものか戸惑いながらも「私はれっきとした軍人の子弟であります」と答えた。すると新井にたずねることもなく、ふたりは笑ってその質問を終わりにした。山名の額から汗が噴きだした。

思想は右か左かと聞かれたのに、軍人の子ですとはぐらかした自分はずるいなと山名は思いながら、ハンカチで汗を拭いた。はたして自分の思想はどちらなのだろう。左ならこんな国家情宣の仕事をしようとはしない。ならば右なのか。広告の仕事がやれればいいのだ。右も左もない。そう、自分の思想は広告なのだ。再び同じことを問われたら、そう答えようと山名は身構えた。だが八並が同じ質問を繰り返すことはなく、八並は「軍人の子にお願いがあるのですが」と前おきして切りだした。その申し出とは意外なことだった。

翼賛会内に技術室という、独立した部屋も机も用意するので、報研からふたりほど人を出してほしいというのだ。なるほど、そんなところに思想的に左の人間を置くわけにはいかないので、報研の責任者である山名の思想を問いただしたのかと、ようやく合点がいった。

報研の組織が大きくなればなるほど、少しでも確実な売り上げを確保する必要に迫られていた。といって、戦局が風雲急を告げるなか、情報局から、今後どれだけの仕事がくるかの見通しはたっていない。責任者としてはどうしたものかと思っていた矢先だった。八並の申し出に、山名も新井も異存はなかった。

新井と村上が、翼賛会技術室に入ることになった。同時に報研のスタッフも、室員の資格で、自由に出入りができるようになった。

報研は、最終的には情報局、翼賛会、陸軍省、大蔵省、農林省、商工省、大日本飛行協会、大日本婦人会、大日本山林会、満州国、日本勧業銀行などと仕事をすることになるが、この東京會舘での初回の会合以降、翼賛会との仕事が案件数にしても仕事量にしても、いちばん多くなっていった。

それは広告の送り手責任者である三十一歳の花森が、この殺伐とした荒々しい時代にあって、四十五歳の山名という自分と同じ感覚をもった作り手側の責任者をようやく見つけ出した結果だった。また山名にとっても花森はあるときは厳しく、またあるときは楽しく広告に取り組む人間に見えた。国家情宣の戦略を練る起案者にもかかわらず、花森は自分と同じ広告技術者としてのこだわりをもっており、山名にとってそれは好ましいものだった。出会いと同時にふたりの美意識は共振し、翼賛会の広告の質は高まった。

報研が翼賛会宣伝部技術室の一員となってすぐ、開戦一周年記念の催しが翼賛会で企画された。太平洋戦争二年めの十二月八日に合わせて、開戦当時の高揚感と決意をいま一度思い起こさせ、国民の気持ちを引き締めようとした。そのポスターづくりが、報研に依頼された最初の大きな仕事になった。新井が「十二月八日。どんな艱難《かんなん》にも耐えようと固く誓った日だ」と書いた。

さて、このポスターをどうつくるか。山名は結局、十二月八日という日にちをどれだけ力強く、視覚的に残すかしかないだろうと考えた。あの日、ラジオの臨時ニュースで突然軍艦マーチが鳴り、ハワイ真珠湾攻撃の成功が伝えられたときに、みんなが浮き立った気分と、その日にちは、いまもはっきりと全国民に記憶されているのだ。だから十二月八日という日にちはそれ以上の解説もいらなかったし、文案をこれ以上添える必要もなかった。この日にちを視覚的に強く印象づければ、それ以上のことを言わなくても、ポスターを見た国民は内なる高揚感を感じとってくれるのだ。山名は報研の図案家全員を集めて、とにかくどれだけ「十二月八日」を強く表現できるか、一人ひとりにレタリングを課した。山名自身も何点ものレタリングを描いた。集まった作品全部を、花森のところに持ちこんだ。視覚的に印象づけ、なにも語らなくても人々を鼓舞するものをつくりたかったと解説し、「花森さんがこの中から選んでください」と言って、山名は席を立った。「いちばんむずかしいことを押しつけるね」と言いながら、花森は提出されたそれぞれの作品を見た。

選んだものを受け取ろうと、夕方近く山名が技術室に顔を出して驚いた。ようやく五点に絞った作品を自分の机の上に置いて、まだ花森はうんうん唸っていたのだ。ふつうの人なら集まった作品をざっと見て、その中から直感的に採用作品を選びだすところだ。それが花森は机の前に座りこんで、レタリング一枚を選ぶのに丸一日をかけ、吟味に吟味を繰り返していた。

十二月八日
どんな艱難にも耐えようと
固く誓った日だ

1942年大政翼賛会ポスター（山名文夫『体験的デザイン史』ダヴィッド社より）

広告づくりでは、自分はなかなかしつこい人間だが、それ以上にしつこい人間を山名ははじめて見た気がした。

「どうだろう、これで」と、花森はようやく一枚を手に山名に差しだした。それは村上が描いた、明朝体を太くした、力強さのみなぎるレタリングだった。山名自身、村上の作品を見るなり、これだな、これしかないなと思った。同時に、自分のレタリングにこれだけの力強さがない原因を考えた。結局この戦争のことを、自分は真剣に考えていないのだ。真剣ならばもっと力強いレタリングができるはずなのだ。村上は自分以上にこの戦争を真剣に考えていた。

そしてこの力ある書体を丸一日かけて選びだした花森もまた、村上と同様にこの戦争に真剣だった。器用に仕事を流す人が多い翼賛会にあって、この人だけが、つくる人、生みだす人にちがいない。情報局には残念ながらそんな人はいなかった。この人ならば一緒にやっていける、ついていけると山名は確信した。

翼賛会宣伝部では、開戦二年めの十二月八日に向けて、この「十二月八日」のポスターだけでなく、さまざまな企画が進められていた。

ひとつは、十一月十五日からはじまった「大東亜戦争一周年記念、国民決意の標語募集」だった。翼賛会と読売新聞社、東京日日新聞、朝日新聞社が主催していた。入選作の「足らぬ足らぬは工夫が足らぬ」や「欲しがりません勝つまでは」の標語ポスターのレタリングを頼まれた報研では、「十二月八日」同様、デザイナーを総動員して十の標語のポスター用レタリングに取りかかった。できあがったポスターを翼賛会に山名が持ちこむと、花森が言った。

「端的な呼びかけの標語ポスターで、ほんとうに人は動くのだろうか。もっと具体性のある説得が、この戦争には必要じゃないかと思っているんです」

たとえばと山名がたずねた。

「いや、山名さんがやっているいままでの仕事ですよ。太平洋報道展といい、独伊戦争ポスター展といい、あれが私にはとても新鮮に映りました。山名さんがやろうとしているのは、ポスターを組み合わせることで、訴えたいことを複合的にいろんな角度から国民に訴え、教育している。私はそれを、一枚の大きな紙面でできないかと考えているんです。標語をかかげて終わりにするのではなく、もっと読む人の心に深くかかわってくるものがつくれないかと。それも町のまんなかで」

たしかに花森の言うとおりだった。標語で一声命令すれば国民が動くというものではない。資生堂の広告なら欲望をそそらせればいいが、国家情宣は欲望を抑えるのだ。命令も声高に命令しすぎれば逆の効果になりかねなかった。債券をなけなしのへそくりで買わせ、今度は買いだめをたしなめる。国民はのるかそるかの戦争にいちおう納得してはいるものの、決して喜んでそうしているわけではなかった。だからこそ、よほどの説得がいる。命令する側の視点ではなく、納得した国民の側の視点が必要なのだと山名は思いながら、「町のまんなかと言うと?」とたずねた。

「建物の壁に大きなベニヤを取りつけて、町行く人を立ち止まらせても読ませたい」

「それはたいへんなことですね。ポスターなら通りすがりに瞬間的に目にして、『欲しがりません勝つまでは』と読んで通りすぎてくれるだろうけれど、立ち止まらせて読ますためには、よほどしっかりした図案と挿絵になっていないといけないでしょうね」

「だから私は報研にお願いしているのです。壁新聞をつくってもらいたい」

「壁新聞ですか。一枚のポスターでもなく、組みポスターでもなく、町中の壁に大きくかかげて、みんなにじっくり読んでもらう」

「しかも、長すぎてはいけない。街角で立ち止まっているには、せいぜい二分以内くらいでしょう。そうでないと町中で渋滞が起きてしまう。でもあなたなら、山名さん、それができると思いますよ」

さっそく山名と新井は企画の打ち合わせに入った。

「町のまんなかで人の足を無理やり止めさせるにはどうすればいいのだろう」と新井が悩んだ。

「どうだろう、視点を変えてみては」と山名が言うと「視点って？」と新井がたずねた。

「標語にしろ、ポスターにしろ、最近のものは上からの命令ばかりだろう。みんなもうんざりしている。そんなものにはだれも振り向きはしない。逆に下から行くのはどうだろう。命令されるのではなく、部下が願い出るのさ。きっと新鮮な感覚になると思う。それなら人は立ち止まって読んでくれるのじゃないかな」

「いいですね。上からではなく下から訴えるか。山名さんいけますよ、きっと。さっそく書いてみます」新井の目が輝いた。

こういうときの新井の仕事は早かった。次の日にはもう文案を仕上げてきた。


おねがいです。隊長殿、あの旗を撃たせて下さいッ！

次々と倒れてゆく散兵線で、たまりかねた兵隊が絶叫する。「畜生！　あの旗が撃てたら……」あの旗。上海戦でも南京攻略でも、どこでも冷然と敵陣地の上に掲げられていた――米英の国旗。その旗が、支那事変始まって以来、第三国の名にかくれて、事ごとに我が作戦を妨害したのだ。その旗が皇軍将兵に無念の血を流させたのだ。今抑留同胞に非道な虐待を加えつつあるのは誰だ。病院船を撃沈したのは誰だ。可憐な国民学校の児童に機銃掃射を浴びせたのは誰だ。漂流するわが遭難乗組員を追求、砲撃したのは誰だ。しかも……正義と人道を世界中にわめき散らしているのは誰だ。ルーズベルトやチャーチルよ、反攻を豪語したければするがいい。長い間、我々が悲憤をたぎらせたその旗を、今こそこの手で引き裂き、この足で踏みにじってやるのだ。見ろ！　我々の喜びに輝いたこの力強い顔を、もはや不平もない、泣き言もない、すべての生活、すべての希望を、この一戦にかけて、国内も戦場も、我らは戦いに戦い抜くのだ。この地球上から米国旗と英国旗の影が一本もなくなるまで、撃って撃って撃ちのめすのだ。


「いいね。さっそく花森さんのところへ持って行こうか」

ふたりは翼賛会宣伝部の扉をあけた。花森は何度も新井の原稿を読み返した。

「上からの命令ではなく、下から願いでる。なかなか考えましたね。強い壁新聞になると思います。でもひとつだけひっかかるところがあるんだな」と言ってペンを取り出すと、新井の書いた原稿の頭と二行目を直した。「『おねがいです。隊長殿、あの旗を撃たせて下さいッ！』の『撃たせて下さい』は『射たせて下さい』としたほうがより強くなるはずです」

その後、花森はひと呼吸おくと自身に言い聞かせるように言った。

「戦線の最前線では『撃つ』という感じではなく『射つ』という感じなんだ。実際自分は従軍手帖に『左翼射つ、右翼射つ、銃声に馬、狂奔んとす、凍れる江』と思わず書いたことがある」

一戔五厘のはがきで戦場の最前線に引き立てられ、恐怖のなかで必死に銃を乱射してきた体験をもつ花森にしかできない、リアルな校正だった。

自宅のアトリエで、山名はさっそくラフな図案の構成にとりかかった。命令する側ではなく、命令される側のやむにやまれぬ気持ちが、壁新聞全体から出てこなければいけない。新井の書いた原稿には標語の類はいっさいつけられていない。しかし、冒頭の書きだしが、十分にその役目をはたしていた。

山名は考えるまでもなく、「おねがいです。隊長殿、あの旗を射たせて下さいッ!」という一行を、右の上から縦に大きく書いてみた。そこで壁新聞のだいたいの構成が浮かび上がってきた。以前小説の挿絵を描いていたことがある山名は、原稿を読みながら、その原稿にいちばんふさわしい絵をすばやくとらえることができる。頭のなかで情景をデッサンしていると、もうある写真を思いだしていた。

それは、毎日新聞が募集したポスターの写真だった。兵隊が上官である隊長のほうを見つめながら、なにかを訴えている写真だった。戦場の一瞬をうまくとらえた強い写真だと思い、切り抜いてあった。その写真を探しだすと、山名はすばやく構成のスケッチをつくりあげた。国民小学校六年になる娘の有世《ありせ》に、原稿を読ませながら時間を計った。有世は一分四十秒ですらすらと原稿を読みあげた。小学生にもすらすら読める原稿だ。町角で立ち止まって読んだとしても、これなら人々は飽きることもなく、頭から終わりまで読んでくれるだろう、渋滞も起こらずにすむだろう。

翌日、翼賛会宣伝部技術室に山名、新井、村上とそして花森が集まり、山名の提出した構成スケッチをもとに検討がはじまった。山名は四六判の全紙にレイアウトの線を引き、冒頭の書きだしの書体の文字を鉛筆書きしていった。だれもが満足し、それでいこうということになった。さあ、いよいよ制作だ。

山名は、書き文字を資生堂の同僚、岩本守彦に頼むことにした。山名の考えた構成案を実像として定着させるには、岩本はなくてはならない存在だった。山名は国家情宣とは規範だと考えた。そのためには、重厚な書体が必要不可欠になる。いかに的確に力強く書き上げるかが国家情宣の生命線だった。図案家というのは、つい自分の個性をだしたがる。それでは国家情宣は伝わらない。資生堂の唐草模様と同じなのだ。ひと決められた規範のなかで、求められた以上の力強さを出せる人間は、そういない。ひたすら唐草模様を描きつづける忍耐を経験したものでなくては不可能だった。岩本は個性を抑制して、規格的な書体を的確に書きこむ職人魂をもっていた。この仕事は岩本に頼んでおけば間違いがなかった。

岩本が文字を描いている間に、挿絵を描かなければならなかった。自分の絵はこんなときハナから役立たない。結局山名は女しか描けないのだ。この時代に山名のその線はいちばん似合わなかった。前に森永の嘱託画家をしていて、写実画なら天下一品の栗田次郎に、戦場の写真資料を渡し、凄惨な報道画を描いてほしいと指示した。

中一日で、製版原稿がすべて上がった。技術室の壁に文字と挿画、活字を切り出し組み合わせて貼ってみた。みなで最終の検討をしたが、力強い壁新聞になるのが明らかにわかった。花森も満足げだ。自宅のアトリエで、山名がデザインの構成に取り組んでから四日めのことだった。これだけの大作を、これだけの精緻なレベルで、これだけの早さで完成させる制作スタッフを、いままで花森は知らなかった。

最後の入稿前の打ち合わせをしていると、久富達夫が辞め八並璉一が宣伝部長になったあと、副部長をしている川本信正が通りがかり、覗きこんだ。

「あの旗を射たせて下さいって、射るという字を書いてうつとは読まないだろう。撃つではないのか」と問いただした。山名は困ったなと思った。翼賛会宣伝部は得意先であり、そこの副部長の発言は絶対だった。これからまた岩本の手を煩わせて文字を書き直すのはたいへんな作業だった。

「いや、射るの字を使ったほうがいいんです。射抜くんです。このほうが強いです。壁新聞が雑踏のなかで人々の心をつかむには、強さが重要なんです」と花森が答えた。川本は「へえ、そんなもんかな」と、技術室を出て行った。助かったと山名は花森に心のなかで感謝した。

山名からみる翼賛会宣伝部は、所詮新聞記者の集まりで、大所高所から語る評論家は多いが、実際に泥をかぶりながら仕事を進めるタイプの人間は少なかった。またスポーツ人脈で結びついた体育会系の大ざっぱさが、どこかにあった。そのなかで、花森だけは体を張って国家情宣に取り組んでいる感があった。

山名は、花森と川本のやりとりを聞きながら、花森が電通の広告研究誌「宣伝」一九四二年五月号に書いた論文を思い出していた。

「宣伝美術だけが宣伝技術ではない」という小見出しの横に「犬猿学説」とあった。その命名の由来は「いま仮りに、政治をする人と、宣伝をする人とがあるとしよう。政治をする人は宣伝ということが嫌いか、軽蔑しているのである。ところが宣伝をする人は、もともと宣伝が大好きである。この二つの人間のあいだには、はっきりした区別があって、まるで水と油で、犬と猿」だという。この伝でいけば、八並璉一や川本信正がまさに、「政治をする人」なのだろう。「宣伝をする人」花森は続けてこう書いていた。

法律を作る、ということは、政治をする人の仕事である。けれども、いつ、どんな時に、どんな内容の法律を作るか、それを、どんな風にして発表するか、与える影響や効果を考えるということ、それも「宣伝技術」である、立派な「宣伝」である。「宣伝技術」に必要なのは、手や足よりまず「眼」である。(略) 家を建てる人が、政治をする人だとしたら、宣伝をする人は、設計する人でなければならない。建築のことを何も知らない人でも、どんなふうな家を建てたいか、という意見は持っている。それを、うまく活かしてゆく人が設計する人である。それを抜きにして、大工まかせの仕事をしていると、とんでもない家が出来あがるのである。(略)「宣伝技術」を知っている、政治をする人。政治を知っている、宣伝をする人。その人こそ「宣伝技術家」である。

花森は、宣伝を山名たち大工にまかせず、まず自分の「眼」で設計する人だった。

壁新聞において「射る」という言葉にこだわる「眼」こそ、花森の戦時広告における美意識だった。山名は、得意先でありながら「宣伝をする人」として、自分の意思を明確にもつ花森に、共感と好意を覚えた。

花森もまた、山名の細かい気配りには、まったく頭を下げるしかなかった。

こうして本書冒頭にかかげた、ふたつめの広告図版「おねがいです。隊長殿、あの旗を射たせて下さいッ！」の壁新聞は、たった四日でつくりあげられた。町に貼りだすと、だれもが足を止めて見入った。たちまちのうちに人だかりができ、その質の高さは、制作仲間でも話題になった。大量の複製ポスターがつくられ、日本全国に貼られていった。花森が最後に校正した「射たせて下さい」が、読む者の深層心理に効いた。戦時中の「戦う広告」の代表作のひとつとして、だれもの記憶の底に、強烈に残るものとなった。

「十二月八日」の一周年記念ポスター、「あの旗を射たせて下さいッ！」の壁新聞の成功で、花森にとって、報研、なかでも山名は、なくてはならない存在になった。つぎつぎに翼賛会宣伝部の仕事が報研に発注され、「壮丁皆泳講習会」「勤労報国隊」「羊毛供出促進」ポスターや、「一億敢闘実践運動」の組みポスター、「敵愾心《てきがいしん》昂揚移動展」などがつくられていった。

ある日、山名が宣伝部に顔を出すと、花森は「悪いがちょっと待っていてください」と、なにやら忙しそうに手を動かしていた。横には一人の若い女性が緊張した面持ちで待っていた。山名が花森の手元を覗きこむと、新聞のカットを描いていた。その絵はなにもかもが緊迫感に包まれる時局にあって、ほのぼのしたものだった。なかなか味のあるカットだ。

「花森さんが絵を描くとは知らなかった。たいしたものだ」

と山名は感心した。花森はそのいがぐり頭をぼりぼりとかきながら、

「いや、お恥ずかしいところを見られてしまった。こちら日本図書新聞の大橋鎮子《しずこ》さん」

と、新聞のカットをもらい受けにきた女性を紹介した。大橋が緊張した面持ちで山名に頭を下げた。

「彼女のところの編集長の田所太郎とは帝大新聞時代からの同級生でしてね、帝大新聞にカットを描いているのだから、俺のところにも描けと無理やり頼まれましてね」

と言い訳するように言った。

「今度花森さんの作品を一度じっくり見せて下さいよ」と言う山名に、「いや作品なんていえるものじゃない。山名さんに見せられる代物ではとてもない」とまたまたい

がぐり頭をぼりぼりとかくと、「お待たせしました」と描きあげたばかりのカットを封筒に入れ大橋に手渡した。大橋は深く頭を下げると、怖い現場から少しでも早く立ち去りたいといわんばかりに、一言もしゃべることなく、あわてて宣伝部の扉を開き駆けだしていった。

そうか花森もまた帝大新聞、日本図書新聞でカットを描きつづけていたのか。山名は若い日に同じようにカットを描きつづけたプラトン社時代を思い出した。自分と花森には共通の資質を感じてきたが、その原点はカット作家の体験だったと、山名はようやく気づいた。

翼賛会の仕事が増えるに従い、新橋・烏森口にある報研の事務所を花森が何度も訪ね、一緒にアイデアを出しあい、企画の方向性の最終判断を下すことが多くなった。そんなときは、仕事が終わると経理担当の田中政江が雑炊料理をつくり、どこから仕入れてくるのか、紹興酒まで調達してきて、ささやかな宴会を開くこともあった。もう配給さえ日ごとに少なくなっていたが、政江は食料調達の才能に長《た》けていた。政江が余興にフラダンスの真似などして見せたりすると、日ごろ暗い顔をしていたみなが手を叩いて笑った。そのひととき、戦争は遠いところにあった。

山名が「花森さん、支那の戦場でも支那酒は手に入ったんですか」と聞くと、「バカ言っちゃいかん。支那酒どころか酒の一滴もあるものか。そのくせ将校は飲んでいるんだから。ひどいもんだった、戦場は。お前らの代わりは一銭五厘の赤紙でいつでもくるが、軍馬の代えはきかないから大切に扱え、だからね」と花森は答え、酔うとよく、中国戦線での苦労と軍隊生活のたいへんさを口にした。花森のことばのはしばしには、従軍体験者だけが知るすさびと、結核を患い、傷痍軍人として帰らざるをえなかった後ろめたさがあった。同時に、戦場から持ち帰ったまま、いまも引きずる奇妙な高揚感を、山名は花森のなかにみてとり複雑な思いにかられた。

カーキ色の国民服一色の時代、花森の服装はいつもちょっと変わっていた。もう着られなくなった紺ガスリのきもの地を解体して、自分で器用にシャツをつくったり、紺の木綿の縦じまのつなぎ服姿で現れ、「いつでも飛行隊に入れそうだろう」と笑ったりした。上着のジャケットにフードをつけて、空襲警報が鳴ると、「ほら、かぶると防空頭巾になる」とすました。ある日には、上着も、ズボンも、親指だけ出るミトンの手袋も、全部同じきもの地で仕立て直し、「どう、いいだろう」と、招き猫のように手袋を動かし笑った。つくづく山名は、花森は廃物利用の名人だとあきれはてた。

一九四三年五月、山名が資生堂へ顔を出すと、「山名さん、ちょっと」と白川宣伝普及部長に呼ばれた。なんだろうと打ち合わせ室に入ると白川は目を伏せながら「単刀直入に申し上げます。資生堂を辞めていただけませんか。うちももうまるっきり立ちいかなくなってきました。あなたにお願いできる仕事そのものがなくなった」と切りだした。

山名はまさかと思いながら、「もうそれ以上言われなくてもけっこうです。会社の窮状は十分わかっていますので」と言って頭を下げた。

戦争が激しくなればなるほど、戦時生活に不要不急の企業から統制の波がかかるのはいたしかたなかった。新井たちの森永がはやばやと広告を中止したのは、二年前の八月だ。まったくの話、お菓子と化粧品、子どもと女という、戦争に役に立たないものから順番に切られていく。資生堂の場合、二月に銀座の華麗な資生堂美容室の閉鎖が決まり、新聞は「電髪も白襷《たすき》をかけて」と書いた。三月には太平洋報道展をやった資生堂ギャラリーが閉鎖し、化粧品の物品税は八十パーセントにもなった。資生堂ギャラリーはすでに、敵性語禁止で資生堂画廊に名前が変わっていた。

山名の仕事は、容器回収告知か、資生堂が生き延びる道としてはじめた薬品の宣伝ばかりだった。ここのところ山名は、勝手の違う薬品広告に手を焼いていた。それをなんとかこなしていたのは、岩本がいたからだ。「あの旗を射たせて下さいッ！」同様、彼のレタリングの技術に山名は救われてきた。

「山名さんもご存じのとおり、とうとう来週からは石鹸の規格が改正になり、浴用と洗濯用の区別がなくなる。国家が顔も下着も一緒の石鹸で洗えと言うのだから、石鹸もなにもあったものじゃない。広告どころじゃない」と、白川は吐き捨てるように言った。

「白川さん、それ以上おっしゃらなくてけっこうです。十分わかっていますから」

そう言って部屋を出たが、山名の心中は穏やかではなかった。自分は一生資生堂の人間のつもりでいたのだ。しかしそれは甘えというものだ。自分ほど資生堂を愛している人間はないと思っていた。自分の仕事が資生堂という顔をつくっていると信じ、うぬぼれてもいた。それが向こうから三下り半を突きつけられた。だが堪えるしかない。銀座の資生堂本社を出ると、とぼとぼと山名は新橋烏森口まで歩いて、暗い気持ちで酒屋の二階の事務所に上った。

岩本と新井が事務所にいた。

「どうしたのです、浮かない顔をして」と新井がたずねてきた。そんなに自分は浮かない顔をしているのだろうか。資生堂解雇は自分にとって、やはりそんなにショックなことなのだと改めて知った。

「会社から解雇を言い渡された。まあ報研の仕事をちょっとやりすぎたかな。会社にとっては煙たい存在になっていただろう」と自嘲気味に言った。

新井が改まった様子で言った。

「すいません、山名委員長にわれわれはいつもおんぶに抱っこで、結局、委員長にご迷惑をかけてしまう結果になってしまいました。すいません」

新井はふたたび謝ると、頭を深く下げた。岩本が怒った顔でくってかかった。

「冗談じゃない。なんで山名さんなんです。資生堂の顔をつくってきた人じゃないですか。資生堂を広告で築いてきた人ではないですか。資生堂が苦しいからって、それならなぜ僕を切らないんです。なぜ山名さんを切るんです」

「もういい、岩本君。君の気持ちはわかったから、もうそれ以上言わなくていい」

山名は、興奮する岩本をなだめるように言った。

「冗談じゃないです。なにもよくありません。僕もそれなら資生堂を辞めます。明日辞表を出します」

「バカを言うんじゃない。辞めてどうするんだ。どうやって飯を食っていくんだ」

「いいんです、そんなことは。強将の下に弱卒なし。われ二君にまみえず、です」

古いことばまで持ちだし、どうしても行動をともにさせてくれと言い張る岩本の間に、ふたたび新井が入りこむように言った。

「いや、ふたりに甘えていたのはわれわれなんです。給料も払わず、山名さんと岩本君にみんながぶら下がっているんですから。こうしませんか。山名さんと岩本君にも報研の専任になってもらう。ちゃんと給料も払い、そのかわりいままで以上に国家情宣に力を入れてもらうというのでは」

新井の勧めで、山名は報研に身を寄せることになった。新井が言ったとおり、これまで以上に山名は国家情宣に身を投入していった。

そう言った当の新井も、日本宣伝文化協会をすぐに辞めることになった。新井は協会へ入ってからも、いつもなんだか消化不良の気分で仕事をしていた。結局、協会は民間の協力団体でしかなく、国家情宣の機構と直接結びついて力強い仕事をする、という機会に恵まれなかった。それに反して報研は、情報局や翼賛会宣伝部と一体になりながら、国の意を十分に汲んだ仕事がやれた。給料をもらっている協会では、十二分な気持ちで仕事ができず、ボランティア的に動き働いている報研のほうに、いまを生きているという充実感を覚える仕事があった。

こんな中途半端な気持ちのままでいいのか。もっと自分の技術を戦争の極限のなかで生かすべきなのではないか。そんな想いにかられて、新井は山名に心の底を打ち明けた。「新井さんも報研と心中するがいい」と、山名は専任を勧めた。給料月三百円で、新井も報研に身を寄せることになった。

同じくその年の七月に体を悪くして、原弘のやっている東方社を辞めた今泉も、二か月の療養ののち、九月から報研専任になった。


報研顧問の小山栄三は一九四三年、厚生省の人口問題研究所から、新設された民族研究所へ移籍した。

この研究所は一九三四年、渋沢敬三などが興した日本民族学会が元となるが、官学アカデミズムのなかではあまり評価を受けず、長い間疎外されてきた。彼らにとって、大東亜共栄圏の建設という国家の野望は、それまでの自分たちの立場を逆転する機会でもあった。なぜ日本は出ていくのか。なぜ占領地の拡大のために南方進出をするのか。大東亜共栄圏とはどんな幸福を日本人と現地の人々にもたらすのか。隅に追いやられた自分たちの学問を時代の寵児とするには、願ってもない機会だった。そこで、民族学では学会の指導的立場にあった岡正雄が中心となって、民族政権樹立の必要性を体系的、学問的、論理的に裏づける研究機関を設立しようと、情報局に働きかけて民族研究会はできあがった。

所長には当時の民族学の権威、京都帝国大学教授、高田《たかた》保馬《やすま》が就任し、小山は民族理論・民族政策・民族研究を担当する第一部長と、中国西南辺境などチベットを担当する第四部長を兼務した。

となると、新しい分野で研究に没頭し、たちまちにぶ厚い著書を著してしまうのが小山だった。ますます南方大東亜圏建設への意欲が高まり、著作もまた、南方問題に比重がおかれていった。一九四三年『人類学叢書、第五編』（荻原星文館）、一九四四年『南方文化講座』（三省堂）、『南方建設と民族人口政策』（大日本出版）をたてつづけに上梓した。『南方建設と民族人口政策』のなかで、南方問題に関して小山は、「東亜新秩序の建設は外に対しては武力によって、内に対しては民族の心の把握によって」決まると断言し、民族人口対策としての大東亜建設計画を提言した。

また報研顧問として山名たちと一緒に啓発宣伝の仕事に携わるうちに、小山は宣伝分野にも学問的興味をもちだした。林謙一の写真理論を具体的に紹介しながら、小山は一九四二年『戦時宣伝論』をたちまちのうちに書きあげた。ハウスホーファーの唱える地政学的見地からのＡＢＣＤ包囲網を打破するための南方建設を訴え、戦時の宣伝の具体的目的として、小山は三つの戦略をあげている。

戦時に於ける宣伝はその活動の方向に関し三重の任務を負う。第一にそれは国民に必勝の信念を涵養《かんよう》し国論の統一を実現するための民衆に対する政治指導の手段でなければならず、第二に敵国国家及び民族層の結束を攪乱する神経戦の武器でなければならず、第三に占領地域及び中立民族層に同志的一体感を形成するための紐帯《ちゅうたい》として作戦の一部となるものでなければならないのである。

その最終章「文化宣伝としての観光政策」で小山は、「大東亜圏建設の暁には、日本は国際観光立国になる」と説き、国際観光政策はその事業を通じて、いま日本はなにを考え、なにをしているのかを世界に示す文化宣伝的役割をはたすものだと主張した。その柔らかい考えかたが、ほかの大東亜進出論者と意見を異にするところで、小山は早くから、汎太平洋国際観光立国日本を夢見ていた。新聞学から人口学、民族学、宣伝論と、時代の変化と合わせるように、その研究分野が変化していくのが、学者小山の大きな特徴だった。

小山の『戦時宣伝論』出版に刺激されたように、今泉がみんなで本を出そうと言いだした。

報研の総会で突然立ち上がった今泉は、みなの前で熱く喋りはじめた。

「いま、国家の啓発宣伝がどうあるべきかを真剣に考えているのは、情報局、翼賛会とこの報研だけだと思う。たしかにこの三つは、それぞれ啓発宣伝を送りだす側とつくりだす側で、立場は少しずつ違う。だが、真剣にこの戦時下の啓発宣伝、世論形成を考えているのは、この日本にあってはわれわれだけのはずなんだ。第一次世界大戦下でも、さまざまな啓発宣伝と世論形成に関する本が各国で出版された。またこの戦時下においても、ドイツやイタリアなどでは、プロパガンダに関するさまざまな本が出版されている。だけど残念ながらこの日本では、そんな本は皆無だ。いまわれわれが必死にこの日本独自のプロパガンダを生みだしている証しとして、みんなで一冊の本を出し、世界中に問おうではないか」

今泉が座ると、みなから大きな拍手が沸き起こった。

自分たちのいまやっていることを、何かの形で残したいという想いはだれも変わらなかった。さっそく報道技術研究会編『宣伝技術』の刊行計画は動きだした。彼らは単に制作技術者の集団ではなく、広告を学問的に研究分析し、理論武装することで、社会的に認知、向上させようとしていた。そしてそれにより、自分たちの制作技術をさらに高めようとする真摯な志向がつねにあった。戦時中の他の広告制作者とのそれが大きな違いになった。

まず、刊行を言いだした今泉が計画案を書いた。

今日の歴史的現実において、宣伝が主要なはたらきをなしつつあることは贅言を要しない。宣伝ならびに宣伝技術は、いまこそこれを究め、これを深めなくてはならないのである。

しかしながら、宣伝ならびに宣伝技術に関する研究は、単なる概論的考察や分類であってはならないし、いたずらに回顧的叙述であっては役立たない。大東亜建設に対する現実的宣伝、国家的、政治的、文化的、経済的機能としての宣伝こそ、我々が究めなければならない宣伝であり、国家的技術、文化的技術としての本質的機能こそ、我々が考えねばならない宣伝技術である。（略）ここに刊行を企図するものは、新鋭なる宣伝理論家ならびに技術家の協働によって、叙上の主旨による解決に一歩を踏み出さんとするものである。

準備から約一年をかけて、A5判三百二十ページの『宣伝技術』は一九四三年六月、ようやく刊行された。原稿がまとまり、出版文化協会へ企画書を提出して、その発行部数の査定を受け、部数が決定されるまでの審査に長い時間を要した。それだけもう日本は、出版のための用紙さえ確保するのがむずかしい時代になっていた。

理論編の序文を哲学者の飯倉亀太郎が書いた。つづいて林が「写真週報」「全国写真展」の体験にもとづく「目から心へ」の世論形成論、「報道写真と宣伝」を書いた。そして小山が「宣伝機関の配置問題」として先に述べた戦時下の広告の三つの目的を明確化した。実務編は今泉が「報道技術構成体」、新井が「報道文章」を書き、大久保、原弘、加藤悦郎が筆をとった。山名は報道技術研究会委員長として、最初に引用したふたつめの文章「宣伝美術」を書いた。

今日、社会情勢の大きな転換は、美術の社会復帰というよりも国家の大目的に帰一するために、鑑賞芸術も亦その技術を今必要とするところに動員されつつある。戦傷痍勇士慰問のために病院へ送られている。遺家族慰問のために家庭へ送られている。生産能率を高めるための工員慰安のために工場へ送られている。その他戦争完遂の各種の目的のためにその技術が動員されている。美術が大衆へ社会へ解放されつつあるのである。かつて美術が宗教宣伝に用いられて、それ自身が一つの「宗教」であるかの如き全い高い使命を、今国家の意志の前に捧げようとしていることは、まことに当然である。

商業美術も遂に真個の使命を果たすために、宣伝美術としての果たすべき役割と並んで、この美術は、国家の要請を民衆に伝え、徹底させ、民衆に何をなすべきか、何をなさざるべからざるかを容易に理解させる。即ち、指導し、啓発し、説得し、昂揚させ、緊張させ、結集させ、行進させるための、更に対外的に、誘導し、同化させ、啓発するための、最も効果あり最も容易な視覚的手段を行うのである。今その時がきたのである。

美術の本質の持つ造型の使用を生かし切ろうとするのである。

大東亜聖戦は、一切のものを真化し、本来のものを知らしめ、本来のものに還らしめるものである。宣伝美術の意義はここにあると信じる。

定価三円七十二銭、発行部数二千部の『宣伝技術』は、戦時下唯一の広告宣伝技術書となった。

この本の出版を待つようにして、情報局情報官の林は三十八歳で海軍司政官に転じ、蘭印(現インドネシア)の海軍治政地区セレベスの情報課長となった。「太平洋報道展」制作の折に、新井に説明した三つめの課題「日本人の南方進出」を自らの転身ではたした。「始発バスから、こんどは軍艦に乗り換えです」と笑って、林はセレベスに去っていった。

一九四三年秋、国民小学校を卒業したての少年兵が募集されることになり、昭和通りが戦時農園となった。イタリアの無条件降伏が伝わるなかで、文部省主催の出陣学徒壮行会が明治神宮外苑競技場に七万人の学生を集め、降りしきる雨のなかで挙行された。加速化する戦争に比例するように、報研にはつぎつぎと専任者が現れた。それは、国家情宣制作機関として報研が、日本の中枢でなくてはならない存在に成長したことを意味した。結果、報研では十名前後の制作スタッフと経理事務員に対して給与を払えるだけの、十分な経営基盤ができあがった。

事実、仕事はやってもやっても尽きることがなかった。戦争の長期化、泥沼化、国内の戦場化とともに、ほかの宣伝技術者が仕事を極端になくしていくなか、報研は、終戦直後まで多くの仕事をかかえた。だが会員の離脱はほかの制作者同様繰り返された。

村上正夫が応召されていった。相原正信が実家の鉱山事業を継ぐことになり、疎開していった。森永のふたりに、山名は明朝体のレタリングを徹底的に教えこんだ。最初は規格にはめられた文字を描くのを嫌がっていたふたりだったが、やがてその規格のなかに一人ひとりの個性が出てきて、それがデザインの多様性を生むことに、彼らはすぐ気づいた。ふたりの広告技術に奥行きがでた。山名にとって報研は、資生堂だけでなく、さまざまな業種の広告を担当してきた人々との出会いの場であり、自分の技術を伝承する場でもあった。報研発足時の人間がつぎつぎに応召され、徴用され、疎開でいなくなるたびに、その伝承は途切れるのだった。

そんなおり、花森の「宣伝人の適格条件」が、電通の機関誌「宣伝」一九四四年八月号に載った。

一、宣伝人という者は、いつでも宣伝についていては、ずぶの素人になろうと一生懸命心がけるべし。ゆめにも、宣伝の玄人などと言われて有頂天になるべからず。

二、宣伝人という者は、自分の宣伝でまず自分を動かすべきなり。自分をさえ動かすことが出来ぬ宣伝が、なんで他人を動かすことあらん。

三、宣伝人という者は、ほめられぬものと覚悟すべし。悪口を恐れて宣伝はできぬものなり。あちらこちらを共に立てんとして、殿中のお茶坊主となる勿《なか》れ。

四、宣伝人という者は、千億人を相手にするなどと大それたことを思うべからず。ただ一人を相手にして、根かぎりやるべし。

五、宣伝人という者は、学んで学者とならず、遊んで殿様芸とならぬよう心掛けるべし。己の才に溺れて、宣伝を道楽仕事とすることは下の下であると、しっかり心得よ。

また花森は、宣伝は涼み台の将棋に似ているという。だれもがああでもないこうでもないと言える代物で、そんなものを全部聞いていると、結局身動きがとれなくなるのは自分だ。自分の信念を貫いてつくれば、相手に必ず届くと諭す。

そして、勉強をしない宣伝人は動かない機関車と同じであるともいう。朝起きてから寝るまで、すべてのところに転がっている材料が勉強の対象になる。それを身にできるかできないかは勘の問題で、「勘」の悪い宣伝人ほど始末に負えない者はないと切り捨てていた。

それを読み、山名は、つくづく花森という人物は、広告の本質を十二分にわきまえた広告起案者だと感心した。

空襲がつづき、新橋の事務所もいつ被害にあうかわからなかった。ソ連大使館の近くなら空襲にあうこともないだろうと、報研は一九四四年九月、麻布三河台の田中政江の親戚のしもた屋に事務所を移した。

報研と同じように福原信三も九月に銀座を離れ、強羅《ごうら》の別荘に疎開した。緑内障が悪化し、視力が落ちてきた福原は、銀座の自宅から資生堂本社に歩いてくると、電力調整でエレベーターの止まった階段を、手探りをしながら昇り、かたくなに会長室ではなく、宣伝普及部の自分の席に着いた。その足元はおぼつかなく、空襲で密集地銀座が襲われたら、福原が逃げ延びるのはもう不可能だった。一九一三（大正二）年帰国以来三十年住みつづけ、働きつづけた、あんなに好きだった銀座との、六十一歳での別れだった。戦後一九四八年に亡くなるまで、福原がその目で銀座を見ることは、二度となかった。

十月、電通の大橋正が常勤となった。広告誌の取材のために太平洋報道展を見に行き、いつかはこの人たちのもとで仕事をしたいと憧れた報研だった。

いよいよ戦争は厳しくなり、情報局、翼賛会だけでなく、陸軍報道部の仕事も増え、事務所には軍服を着た若手士官たちが集まり、きな臭さはいやがうえにも増した。

ソ連大使館の周辺も、おだやかではなくなった。一九四五年一月、陸軍の紹介で報研は、六本木・ゴトウ花店の向かいの横町を入った軍医の将官屋敷に引っ越した。

引っ越しが終わってすぐのことだった。麻布の鳥居坂警察から田中政江に出頭通知が来た。目つきの悪い私服警察官が横柄に言った。

「毎日、毎日、たくさんの靴が玄関に並んで、あの男たちはなにをたくらんでいるのだ。正直に言うんだ」

「あの人たちは、翼賛会や情報局の仕事をしています。国家情宣のために、戦意高揚ポスターや壁新聞をつくっていて、決して怪しいものではありません」

政江は胸を張ったが、一向に聞き入れてもらえず、三人の私服警官がつぎつぎに同じ質問を繰り返すばかりだった。

「情報局の名前を出して言い逃れをしようとしても、そうはいかない。ほんとうに情報局の仕事をしているというのなら、ここで証拠をみせてみろ」とも責められた。証拠といっても、事務所にきてもらえればすぐわかると言ったら「バカもの。内偵中に直接現場に行く警察がどこにいる」とどなられた。政江は内偵と聞いて、警察はほんとうに疑っているのだと恐怖を覚え、鳥肌が立った。

彼らが怪しい者ではないと、いまここで言える証拠はないだろうか。政江は必死に考えた。政江の額にうっすらと汗が浮かんだ。恐怖で頭が混乱し、よくものが考えられない。そしてようやく思いだした。

警察に呼ばれたあとに、情報局に請求書を持っていくつもりで事務所を出たのだ。政江が封印した請求書を剥がしてみせると、ようやく警察官たちは、ほんとうに情報局の仕事に携わる人間たちなのだということを納得した。そして最後に感心するように言った。

「ここに請求書としてポスター百円とあるが、ほんとうに貴様たちはこんなに取っているのか？　ええ、たった一枚のポスターだぞ、たった一枚の」

実際、報研の仕事は、手弁当のつもりではじめた最初の時代から、順調に正当な対価が支払われ、いまでは報研の提示額が、情報局でも翼賛会でも、一度も値引きされることなく支払われるまでになっていた。それは山名が、外部制作機関としての専門性と独立性を保ちつづける姿勢を崩さなかったことの、ひとつの成果であった。


一九四五年三月十日未明、東京大空襲で死傷者十二万人、焼失家屋二十三万戸を数え、ついに東京の三分の二は焦土と化した。

報研の事務所は幸い被災を免れたが、都心にいてはいつふたたび空襲にあうかわからなかった。追われるようにして山名たちは、駒場にある建築家山脇巌《いわお》の建築事務所が疎開で空いたのを幸いに、四月、またまた事務所を移ることにした。

「事務所転々ですね」と笑いながら、日本工房にいる亀倉雄策が新しい事務所を見に山名を訪ねてきた。「建築家の事務所だけあって、アトリエが広くてすばらしい。こんなところで仕事をしてみたいな。ところで……」と言ったあと、亀倉は言いよどんだ。

「なんだね」と山名がたずねると、亀倉はちょっと照れくさそうに言った。

「山名さんのところに、石鹸が余ってないでしょうか。もしあったら、僕の持っているウイスキーと取り換えてもらえませんか」

石鹸も配給の数が極端に少なくなっていた。しかし山名は石鹸よりも酒の口だ。

「いいね。資生堂時代にデザインの参考にするので、外国の石鹸をずいぶん集めたことがあるんですよ。いいですよ。酒と換えてくれるのなら大歓迎。成城まで遊びがてら取りにいらっしゃい」

亀倉がさっそく、山名の自宅のアトリエにジョニ赤の小瓶をもってやってきた。

「名取さんはお元気?」。日本工房の「NIPPON」時代を懐かしく思うと同時に、自分の後釜として日本工房に入った亀倉との奇縁を、不思議に思いながら、山名はたずねた。

「いまはすっかり上海を本拠地にして、中国本土を飛び回っています。支那人相手に、日本の宣撫工作隊の仕事をやっていたかと思えば、中国の奥地へ進軍する日本軍が、村を焼き払い、食糧を奪い、婦女子を暴行するのを見て、洋之助さんが怒りだし、前線の町々に日中友好のペンキ画を描いて、『焼くな、奪うな、犯すな』なんてポスターを貼って歩くなど、あいかわらず、洋之助さんらしい、しっちゃかめっちゃかなことをやっているみたいです」と言って亀倉はおかしそうに笑った。

山名が資生堂の福原に請われて資生堂に戻った一九三六年以降、名取は亀倉、松竹の河野鷹思を使って、上質な「ＮＩＰＰＯＮ」を発刊しつづけた。ドイツに滞在していた当時、日本からくる雑誌の質があまりにも悪く、これでは日本の美的水準が国際的にも低くみられるとの思いから、日本の文化水準の高さを国外で啓発するために「ＮＩＰＰＯＮ」を発刊した名取だったが、戦争の深刻化とともに、文化振興などと悠長なことは言っていられなくなった。

同時に軍の報道部が日本工房に目をつけた。名取が出版する外国向け雑誌に関心を示したのだ。海外各国における日本軍の対外宣伝雑誌の発行を名取に持ちかけた。名取は一九三九年、日本工房を国際報道工芸に改名して、「ＮＩＰＰＯＮ」の内容をプロパガンダ誌に一気に変えると同時に、「ＳＨＡＮＧＨＡＩ」「ＣＯＭＭＥＲＣＥＪＡＰＡＮ」「ＭＡＮＣＨＯＵＫＵＯ」「ＫＡＮＴＯＮ」などの英字雑誌のほかに、タイ語の「カウパウプ」というプロパガンダ誌をつぎつぎに発行していった。藤本四八、松本政利などのカメラマンを中国、東南アジアに派遣し、自分自身もカメラを持って中国に渡った。戦場から送られてくる写真をもとに、亀倉と河野がデザインをしていたが、やがて名取は、河野を連れて拠点を上海に移した。東京に残された亀倉は対外工作グラビア雑誌のデザインを一人で一手に引き受け発行しつづけた。国際報道工芸の本拠地を上海に移した名取は、日本軍の宣撫活動をすると同時に、亀倉が言ったように、中国での日本軍の風紀の乱れに怒って、日本軍の啓発活動をやっていた。どんなに戦争が抜き差しならぬ状態に陥ろうと、宣撫活動と啓発活動という百八十度違ったことを同時にやれるのが自由人、名取だった。

「『焼くな、奪うな、犯すな』か。そりゃいいや。名取さんらしい」

山名にとってはこの十歳以上若い名取はいつまでたっても、組み写真の原理を教えてくれた広告の先生だった。

「今日はゆっくりこの石鹸でお湯を浴びます」と言って嬉しそうに、新婚の亀倉は帰っていった。

日ごろは配給の安酒しか飲めないことを嘆いていた山名は、亀倉の持ってきたジョニ赤に狂喜した。亀倉が帰るとさっそく封を開けようとジョニ赤の蓋に手をかけた。しかしその手はすぐに止まった。このジョニ赤をいま飲むのはあまりにももったいなさすぎる。日本が勝ったときにこれで乾杯しよう。山名は自分がいままで描きためた装画集の原稿とともに、自宅の防空壕にジョニ赤を隠した。

亀倉が事務所転々だなと評したように、東京都内を逃げ回り駒場にやってきた報研は、まさに最後の砦にたてこもった感さえあった。

委員長の山名、以下、元森永製菓の新井、今泉、平岡、栗田、東宝映画の土方、板橋、元資生堂の岩本、「東京印刷美術家集団」の大久保、そして電通を辞めて加わった大橋の計十人の制作者たちは、物資の窮乏と空襲のもと、運命共同体としてその結束を強めていった。ぎりぎりの生活条件下で結びついた集団は、もう仕事だけの集まりではなくなっていた。畑を耕し、家庭菜園をし、そしてデザインし、レタリングし、絵を描いた。

事務所の昼食時になると、田中政江は各自の持ちよった配給の玄米を同量ずつ取りだして、十分な水でできるだけ増えるように抜群の火加減で炊き、炊きあがったご飯はキッチンスケールで一粒でも不公平のないように取り分けた。おかずは配給の苦いだけの大豆粉にフスマを混ぜ合わせたコロッケだった。政江が手早くつくったそんな粗末な昼飯でも、おなかがいっぱいになればみんなで明るく笑った。

報研の仕事を五年間やってきて、最初はＡＢＣＤ包囲網から学びだした山名たちだったが、いまや戦争のことはすっかり詳しくなっていた。しかし仕事中は昼飯時もだれも戦争のことはもう話さなかった。戦争は仕事でしかなく、戦争の成り行きを気にして話し合っても、腹の足しにはならない。日常の会話は食べることに終始した。空

1945年駒込山脇事務所にて。左から山名、今泉、花森、新井、栗田(『山名文夫作品集』誠文堂新光社より)

襲は日増しにその激しさを増し、回数も多くなっていった。

情報局の仕事が少なくなり、中心は翼賛会の花森が企画する「これがアメリカだ」など大々的な移動展になっていた。

「ラバウル移動展」もそのひとつだった。各工場の敷地内広場で開催する、徴用労働者向けの移動展だ。生産増強を呼びかけても、日本中で原材料がどこにもなくなり、もう意味がなかった。そこで戦時生活の明朗敢闘精神を呼びかけることになった。それにはラバウル兵士たちが、敵地の真下の地下壕で明朗果敢に戦っている地下生活の様子を、さまざまに描くのがいいとなった。

山名はラバウル地下壕の生活と絵を組み合わせながら、膨大な組みポスターの展示案を構成していった。絵は「あの旗を射たせて下さいッ!」を描いた栗田の写実画が使われた。新井が陸軍からていねいな取材をしてきて、いまラバウルの地下壕の現場にいるとさえ思わせる文章をつぎつぎに書き上げた。

「わが鉄の要塞ラバウルは、敵の熾烈な猛爆下、言語に絶する激闘の明け暮れを迎える。昭和十八年十月から十九年七月までに、敵機の来襲実に二万三千四百九十二機、一木一草をも見逃さぬ執拗な爆撃銃撃の連続である」

「昭和二十年二月わが制空権ついに喪失、三月地上施設壊滅、四月後方との連絡困難となり、五月補給絶ゆ、ラバウルは敵の重囲の中に陥ちた」

「延々四百キロに及ぶ長大な一大洞穴の貫通が終わった。諸施設が続々完成し、明朗敢闘の生活が始まった」

「どんな激しい空襲にも絶対安全な地下工場、内地の工場も早くこうなってもらいたいものである」

「椰子の実の油から石鹸も作る。草木の繊維から糸をとって織物を織る。マッチもできた、紙もできた」

「ラバウル、四周これ皆敵である。しかもついに無援の孤島を百年不落の砦となし終わった。欠乏も不足も、勝つ以外に何事も考えぬ勇士の前にはものの数ではなかったのである」

「ラバウル移動展」は一九四五年五月に完成した。二十面の組みポスターからなる大移動展だった。

全国に空襲被災地が増え、国民に耐久生活を訴えつづけられなくなった翼賛会は、ラバウル展の完成をみるように、ついに解体解散した。

解散がほぼ決まったころ、山名は花森を訪ね「解散後の方針は決まりましたか」とぶしつけな質問をぶつけた。「いや、疎開のピアノみたいでどこにも持ってくところがない」と花森はさみしそうに笑った。

「その大きなピアノ、うちの事務所のアトリエにでも持ちこんだらどうです」

山名はこれまで花森にいろいろ世話になったお礼をいまこそ返す時と思い、言った。

「いや、もう戦争はいいのかもしれない。それにこのピアノは調律が狂っているので、そちらのアトリエではいい音がでないでしょう」

ふたたび花森はさみしそうに笑った。

大久保和雄は電通の機関誌「宣伝」の一九四五年六月号に「翼賛会宣伝部の解散に際して、花森安治氏に与う」という文章を寄せた。

翼賛会には、器用に仕事を〝流す〟人は多かったが、それを〝生む〟人〝創る〟人は少なかったように思いますね。たとえそれが〝上〟からの天下りの仕事であっても、自分の仕事として回されてきたら、一度そこでせき止めて、創意を加えて練りあげる熱意があればよいのですが、その努力さえ惜しんでいた人が多かったように思いますね。（略）

兄は半ば楽しみながらも真剣にこれに打込んで、決してないがしろにしませんでした。（略）

兄は弁舌家でも文案家でも美術家でもありません。ただそれらの本質を手早くつかんで鋭く表現する特殊な直観的才能に恵まれていたと思うのです。兄の立場は、抽象的な宣伝理念を具体的な形象として把握する〝宣伝企画技術者〟の中にあると小生は考えるのです。

それを読んだ山名は、大久保は花森の本質をよく見据えているなと感心した。

山名の勧めを断った花森は、新しくできた恩寵財団戦災援護会に移り、ふたたび報研は花森の下で仕事をやることになった。さっそく花森は、空襲で被災した人々をみんなで助け、早く職場に就き、集団帰農して食糧の増産に励もうと呼びかける移動展の制作を依頼した。

山名は構成用紙に「戦災援護会第一回写真移動展、焦土の戦友」と書きこみ、十五枚もの組ポスターの構成にとりかかった。

七月十五日、山名はその展開案を完成させた。駒場の報研の事務所に花森がやってきて、山名の説明を満足そうに聞いた。

七月二十七日、ふたたびやってきた花森は、食糧増量のポスターの制作を依頼した。

「考えすぎず、真正面から増量要請をしてほしい」とつけ加えた。

山名と新井はさっそく、ポスターの制作打合せに入った。花森が言うとおり、出せ、つくれではなく、正面から食糧自給の国家的意義を説こうということになった。山名が農作する学生たちをデッサンし、それを写真で撮ることにした。新井はもう原稿用紙に向かいだした。

八月六日、広島に大型爆弾が落下してたいへんな被害になっているという噂が飛び交った。なんだか町中が騒然とするなか、山名とカメラマンの渡辺義雄は一高に出向き、農作する学生六人を撮影した。報研に帰ると、花森が「焦土の戦友」展の制作過程のチェックに来ていた。

「山名さん、どうも広島はたいへんなことになっているらしいです。厳島《いつくしま》の鳥居もふっ飛んだというから、相当強力です。一発で十二万人も殺したとは、原子爆弾のようなやつかもしれない」と言ったあと、青い顔をした花森はぼそりとつけくわえた。

「自分もいつやられるかを真剣に考えた」

「焦土の戦友」の企画が整った報研は、八月八日から実際の制作に入り、大忙しの状況になった。レタリングのスタッフが大きなベニヤ板と格闘し、挿絵を栗田たちは何枚も何枚も描いていった。山名が構成した組みポスターは十五枚もあるのだ。八月二十日の展示会開始まであとわずかしかなかった。眠る時間も惜しんでみんな働いた。

事務所に顔をだした亀倉が「いまどきこんなに盛んに仕事をやっているところはないよ、うらやましい」とあきれ顔に言い、早々に帰っていった。

八月十四日、日本はポツダム宣言受諾を決めた。

翌日十五日、山名を委員長とする報研の十人のメンバーは、山脇邸のラジオのある部屋に集まった。正午になった。ジイジイという雑音と一緒にその声を聴いた。身の引き締まる思いがした。電波に乗ってくるその声はひび割れ聴きづらかった。遠のいたり近づいたりした。しかし山名にはその言わんとすることは十分わかった。ただ涙がこみ上げてきた。

放送を聴き終わると、山名は「兵隊と同じように武装解除だな、われわれも」とぼそりと言った。ついこの前まで毎日つづいていた敵機の爆音が、ぷつりと消えていた。嘘のようにしんとして、青空だけが広がっていた。

その夜成城の自宅に帰ると、山名は防空壕にしまっておいた、昔描きためた装画集と亀倉からもらったジョニ赤を取りだした。山名は泣きながらそのウイスキーを喉に流しこんだ。わずかな量なのに、長い間忘れていた豊饒な香りとうまさが、山名を一気に甘美な酔いの世界へ導いてくれた。

この五年、報研会員として、さまざまな人が山名と一緒に仕事をしてきた。ある人は応召され、帰らぬ人となった。ある人は東京を離れ、疎開していった。ある人は報研から別の組織に移っていった。ある人は広告の場を求めて海外に出ていった。山名はこの五年でかかわった一人ひとりのことを思い浮かべた。深くかかわった者も、通りすぎていった者も、山名はすべての人と仕事を思いだすことができた。

相原正信、青木清、青木里子、新井静一郎、飯倉亀太郎、池島重信、池辺義路、伊勢正義、板橋義夫、伊藤憲治、今泉武治、岩本守彦、氏原忠夫、内田誠、江間章子、大久保和雄、大久保武、大橋正、近江匡、大宮伍三郎、岡田茂、小野田政、加藤悦郎、加藤銀次郎、金丸重嶺、岸丈夫、熊田五郎、栗田次郎、小山栄三、斎藤太郎、佐藤泰寿、菅沼金六、杉田哲夫、須藤陽一、関須磨夫、仙波巌、高田正二郎、田中政江、土方重巳、手塚栄一、戸板康二、友金尚、中谷善三郎、波根康正、奈良原弘、西田登美、蓮池順太郎、浜野全平、林謙一、原弘、平岡達、深谷亮、藤本四八、堀野正雄、前川國男、松下紀久雄、松添健、松野俊光、三浦逸雄、三井由之助、村上正夫、本領信治郎、安本亮一、山下謙一、山脇巌、祐乗坊宣明、吉川晋、米山桂三、渡部豁、渡辺義雄。

山名は陶酔に身をまかせながら、戦争のはじめから精一杯走ってきた、戦争が終わると同時に仕事納めだと思い、一人つぶやいた。

「さよなら、みんな。終わりだ」

その割り切りかたに、爽やかな気分にさえなった。もう未練はなにもなかった。

自分が描いてきた装画集を開いた。そこにはザザが、ネステンカ、ポーリー、ルシィエンヌ、モーリーがいた。またこの子たちに会える。

「待ってろよ、ザザ」

小瓶の底に残ったジョニ赤を一気に飲み干した。そして四十八歳の山名は、青年のあの日のように、デッサン帳にもう鉛筆を動かしていた。

九　それぞれの戦後

報研の会員で、戦後をすぐ動きだしたのは、顧問の小山栄三だった。

一九四五年十月、小山は、日比谷の連合国軍総司令部、GHQに出頭せよという命令を、突然受け取った。終戦から二か月がたち、進駐してきたマッカーサー率いるGHQが、戦時中における日本軍がはたした全貌解析と戦犯行為を調べていた。自分の過去が問題になるのだろうか。落ち着かない気持ちで小山は出頭した。

米軍将校三名と速記者二名に囲まれ「あなたは調査をしたことがありますか」「世論を調べる方法はなにがいい」「全国民からどう標本を選ぶ」と、立てつづけの質問攻めにあった。

大学時代からセレベスやミクロネシアに民族調査に行き、東大で世論や宣伝の講義をし、厚生省人口問題研究所で調査部長をしたときの調査の経験を話し、問われるままに小山の考える調査方法を答えた。質問を終えると彼らはなにも言わずに退席し、小山はしばらく待たされた。なにがなんだかわからない思いでいると、ふたたび将校たちが現れ「今度日本政府が世論調査をすることになった。ＧＨＱは君を推薦する」と一方的にいわれ、小山は内閣世論調査課長として戦後を歩みだした。

戦後の日本に民主主義を早急に定着させる必要に迫られたＧＨＱは、アメリカ流のパブリック・リレーションの導入を図った。ＧＨＱはアメリカから調査専門家を招き、新聞社や放送局、広告代理店の調査担当者の研修会をやりながら、日本に広報という概念を定着させていった。そのパートナーに選ばれたのが小山だった。内閣世論調査課長として調査員の訓練と啓発運動に携わった小山は、ＧＨＱ退却後は、国家的規模で実際に世論調査を行う国立世論調査所所長を十年務めた。その後立教大学教授となり、数多くの広報の著作をものにし、日本における「広報学」の体系を確立した。

小山は戦前の新聞学、民族学、南方研究、宣伝論から戦後は広報へ学問的興味を移していった。学問もつねに時代を呼吸し、時代と並走する。時代が必要としている学問を自分の研究対象にしていくのが、小山の生涯のやり方だった。

新聞記者から始発バスの情報官の座席に座り、軍艦に乗り換え、敗戦とともに南洋セレベスから還った林謙一は公職追放となった。二十二歳から四十歳まで時代と呼吸しつづけた林は、戦後その歩みを止めてしまった。追放解除の後どこに就くこともなく、自由業で過ごした。「写真週報」「全国写真展」「ジャパン・フォト・ライブラリー」「報研」と休みもなしに寝る間も惜しんで戦争と生きた林は、四十代以降の戦後を、なにに価値観を求め過ごしたのだろうか。林は戦後の著書として『日曜画家』（一九六〇年）、『日曜カメラマン』（一九六二年）、『日曜画家ハンドブック』（一九六九年）、『油絵のすすめ』『つかの間のペン』（一九七七年）、『ヨーロッパスケッチ旅行』（一九七九年）を残しているが、それらの著作からは、趣味人林の顔が浮かびあがるだけで、戦後の彼の軌跡を捕まえることは、困難だ。

一九六六年四月から一九六七年三月までの一年間、ＮＨＫの朝の連続テレビ小説、樫山文枝主演の「おはなはん」が年間平均視聴率四十五・八パーセントを叩きだした。出演者欄の最後に毎日、原作／林謙一というクレジットが入った。林が自分の母について書いたエッセイ集『おはなはん』（一九六六年）のテレビ化だった。林はこの本の中で、おはなはんの息子は情報局情報官になったとのみ記した。

戦後すぐ花森安治のもとに、日本図書新聞で花森のイラストのカットを取りに来ていた大橋鎮子が訪ねてきて、女性の雑誌をつくりたいので手伝ってほしいと頼んだ。花森は「男たちの勝手な戦争が国をむちゃくちゃにしたのだから、今後の自分は女性のために償いをしたい」と言って「衣裳研究所」を鎮子と一緒に興した。東京大学文学部美学科の卒業論文に「社会学的美学の立場から見た衣粧」を書いた花森の原点回帰だった。「衣裳研究所」は、衣生活の向上をめざして会員にテキスト『スタイルブック』を頒布した。戦時中に山名が花森を廃物利用の名人と評したように、あの物資もなく殺伐とした世の中にあって、「足らぬ足らぬは工夫が足らぬ」と自分の個性を楽しんでいた花森にとって、戦後はそれぞれが自由に個性を楽しむ時代だった。それまでの軍服・モンペから百八十度違うことばとして、花森は「スタイル」ということばを若い女性たちに提案した。女性たちは花森のいう「スタイル」に飛びついた。たちまち服装デザインブームがやってきた。

花森は山名に、服飾手芸のための、「花の図案集」を頼んだ。山名はそこにだれもが編みこめる花の図案をつぎつぎに描いていった。それは資生堂唐草を基調にした花の図案だった。「太平洋報道展」でＡＢＣＤ包囲網として描かれた資生堂唐草の曲線は、新しい時代の女性たちの解放の曲線となって文字どおり花開いた。その花のひとつが、この本の最初に紹介した三点目の図版Ｃのイラストレーションである。

その絵の横に、山名は本書冒頭でかかげた三つめの文章の詩を添えた。

ぼくは風変わりな花つくりだ
四角い紙の花床に
黒と白との花を咲かせる
ぼくは風変わりな花つくりだ
ボイテンゾルグの植物園にも
アルハンブラの宮廷にも
見かけぬ奇体な花を咲かせる
ぼくは風変わりな花つくりだ
女の髪と衣裳を飾り
寝室の重い垂幕を飾り
ayao の詩とお話を飾る
ぼくは風変わりな花つくりだ

一九四七年に発刊された『花の図案集』は、定価四十円、B５判二十四ページの小冊子だったが、たちまちのうちに戦後の女性たちの心を虜にした。すぐに第二刷が出た。山名の風変わりな花たちは、女たちの髪に、衣裳に、寝室の垂幕につぎつぎと飾られた。

花森は山名の『花の図案集』につづき、報研会員だった大橋正の『可愛い図案集』、伊藤憲治の『草木虫魚の図案集』を編んだ。

衣裳研究所が軌道に乗った花森と鎮子は、銀座に暮しの手帖社を創設し、「暮しの手帖」を一九四八年発刊した。それは暮らしの中心にある女性たちへの贈りものだった。「暮しの手帖」の徹底した商品テストは、消費者の選択時に確かな商品情報を提供した。が、それ以上にはたした大きな役割がある。

いまでこそマーケティングの世界では、デプスインタビューやグループインタビューをもとにした、消費者視点の商品開発はごく当たり前のことになっている。しかし、粗悪品、模倣品が横行する戦後日本の物資不足時代に、利便性、耐久性からみた、消費者の望む商品づくりは皆無だった。そこに花森は、商品テストにより、暮らしの中心にある女性たちの側に立った製品づくりを企業に迫った。

戦後の混乱期から高度成長期のモノがあふれる前の日本にあって、消費者ニーズにそった製品づくりをすることが、消費者の心をつかめるのだと、企業を啓蒙し、育成していったところに花森の新しさがあった。

企業におもねらないことを社訓とし、そのため、一切の広告収入を絶ち、企業に消費者視点の商品づくりを迫ったところが清々しかった。

また花森は表紙の装丁からはじまって、本文のデザイン、イラスト、裏表紙の自社広告まですべてにかかわった。戦前、帝大新聞、日本読書新聞で描き続けてきたカットイラストの技量がいかんなく発揮された。一人の編集人の感性で一冊の本の世界観をすべて統一した。そこにほかの人がつくった広告が入ることで、「暮しの手帖」の一貫したイメージが崩れてしまうことも、広告をとらない理由だった。

提案型ライフスタイル雑誌がまだ少ない時代にあって、一本芯の通った編集方針は多くの識者からも支持され、「暮しの手帖」のテスト結果で商品を購入するという読者も多かった。

ビートルズが出現する前にビートルズカットでスカートをはくという奇抜な恰好も耳目《じもく》を集め、花森は戦後の消費者運動のカリスマ的存在になった。「日本のラルフ・ネーダー」という人もいれば、その服装からヒッピーの元祖ともいわれた。

大学を出て、パピリオ化粧品宣伝部、一戋五厘の応召兵士、傷痍軍人、翼賛会宣伝部と時代と並走して来た花森は、戦後女性たちと並走することで、いつしか時代を創出しだした。自ら戦後の時代そのものを動かす一人となった。

山名文夫はふたたび一九四八年、資生堂に五十一歳で三度めの入社をした。それを確認するように、その年福原信三は亡くなった。

山名はそれから資生堂宣伝文化部制作室長として数多くのザザ、ネステンカ、ポーリー、ルシィエンヌ、モーリーを描き、資生堂の広告に定着させた。山名の絵が変わったとしたら、戦前のザザ、ネステンカのどこかうるんだような目が消え、戦後のポーリー、ルシィエンヌ、モーリーたちの目は意思をもったようにしっかりと見開かれたことだ。そのことで絵に強さがでた。花森が戦後暮らしのまんなかにいる女性に焦点を合わせたように、山名の絵も戦後は意志をもった女性が世の中の中心にくることを、その華麗なペンで語っていた。

また山名は多摩美術大学教授として、数多くのデザイナー、イラストレーターを育て上げた。

新井静一郎は吉田秀雄に誘われ電通に入り、宣伝技術局長、常務取締役を務めた。一九五二年、いち早くアメリカにおける広告事情視察の旅に出た新井は、そこで大変なショックをふたつ受ける。ひとつはクリエイティブ・ディレクターのもとに展開される広告企画の科学性と信頼性だった。そしてもうひとつは経営者と対等に渡り合う広告技術者の姿だった。その地位と敬意の代償として、彼らにはなによりも高い賃金が払われていた。自分が見たその姿を『アメリカ広告通信』の本にまとめ発刊。戦後復興期、個人がばらばらに働く広告技術者たちを大いに驚かせた。

新井はいち早く電通制作局内に、アメリカ視察で学んだクリエイティブ・ディレクターを中心とする制作チーム体制を導入し、戦後の広告コミュニケーションの礎を築いた。それは、戦前山名を委員長とした集団制作で国家情宣にあたることで、多様な広告技法と品質を維持した、自らの経験に基づく制作体制の確立でもあった。

今泉武治は戦後すぐにミツワ石鹸宣伝部に入り、いまでも♪ワッ、ワッ、ワ、輪がみっつ♪で知られるコマーシャルソングを大ヒットさせたあと、元森永製菓宣伝課員で報研メンバーでもあった斎藤太郎が制作局長として在籍する博報堂に、一九五九年制作担当取締役として移籍した。今泉・斎藤により戦後の博報堂は「マーケティング・コミュニケーション」を前面に打ち出すことになる。

戦前の広告代理店が媒体を扱う文字通りの「代理店」機能しかもたなかったのに対して、戦後の広告代理店は、戦前に各得意先の宣伝部が広告作品をつくっていた「内制」機能を一括して担うことで、媒体代理店から、総合コミュニケーション会社に変貌していく。朝鮮戦争をきっかけに息を吹き返した日本経済は、一九五五年から一九七三年までの十九年連続、対前年度比十パーセントの驚異の成長をとげた。この間、手を変え、品を変え、つぎつぎと新しい広告コミュニケーションで、国内需要を喚起しつづけた広告代理店クリエイティブの役割は計り知れない。その広告業は、電通、博報堂の二社で、総売り上げの八割を占めるという超寡占化業界でもある。その二社の制作部門の責任者を新井と今泉が長く務めたことは特筆に値する。まさに戦後の日本経済成長の要因のひとつは、戦前の報研を手本に、電通、博報堂が新井、今泉のもとで、クリエイティブ・ディレクター制度を確立した結果だった。

戦前のふたりが、その仕事を単に森永製菓のためだけにとどめず、広く社会に拡大しようとしたように、戦後のふたりもまた、その仕事を自社内にとどめなかった。ふたりは広告技術者の社会的役割の向上とその認知活動に悪戦苦闘しつづけた。

一九五一年六月八日、ふたりの呼びかけで終戦後ばらばらになっていた広告技術者が一堂に集まり、「日本宣伝美術会」が組織された。

我々の職能の在りかたを明らかにし、宣伝美術の認識を決定的なものとし、仕事についてのすべての権利をまもり、共通の利益と共同の幸福のために各界と結び、世の中を美しく、楽しくする美術運動に参加する。

山名と新井が起章した「日本宣伝美術会」、通称「日宣美」設立趣旨が高らかに読み上げられ、集まった商業デザイナーたちから、盛大な拍手が沸き起こった。

会員のだれもが気にしたのは、この職能集団を、戦前の情報局と翼賛会と電通が音頭を取った組織「日本宣伝文化協会」にしてはならないということだった。そこに属さないものは宣伝の仕事ができず、応召、徴用の対象になった。国家に首根っこを押さえられ、「戦う広告」をつくってしまった悔恨に、だれもが怯《おび》えた。

己の美意識と同じように、己の存在は自由である。すべての会員が、まずそれを原則とすべし。その思いが、「日宣美」を社団法人や公益法人ではなく、非法人として存続させることになる。設立以来、会長を据えることなく、二十人の中央委員の合議制で毎年新しい才能を世に送り出していった。第一回「日宣美」では中央委員として山名、新井、今泉、原の報研会員のほか、河野鷹思、亀倉雄策があたり、村越襄《じょう》という新しい戦後の才能を世に送りだした。

日宣美を設立した新井は、アメリカ視察旅行から帰ると、さっそく今度は東京アートディレクターズクラブ（略称：東京ＡＤＣ）の設立に奔走した。アートディレクターの地位確立を図ると同時に、なによりもデザインという付加価値に対し、電通制作担当役員として、高額の対価を払うよう、得意先を説いて回った。一九九〇年九月に亡くなるまで、広告業界の身分保障と社会的地位向上に身を砕いた新井の役割は大きかった。

一九六四年に開催された東京オリンピックは、まさに「戦後復興日本」を世界に問う、「再びの国家情宣」となった。また世界中から多国籍言語の人々が一堂に集まる戦後初めての大規模イベントとあって、一割のシェアもたない日本語は機能せず、視覚化コミュニケーションの開発が急がれた。一九六〇年そのすべては戦前からの商業美術評論家勝見《かつみ》勝《まさる》に委ねられた。

勝見はすべての戦略構築のために、美術評論家・記者三人と七人のデザイナーからなる「オリンピックデザイン懇談会」を設置。そのメンバーとして報研の元会員新井、今泉、原弘と彼らと深く関わりのある河野、亀倉を指名した。デザイン懇談会は、オリンピックエンブレムのコンペ参加者として亀倉、河野のほか四名を指名した。

そのような過程をへて、亀倉によるオリンピックエンブレム「希望の太陽」は創出され、東京オリンピックだけでなく、それは一九七三年までつづく、高度成長「日本」のシンボルとして旗振られた。

東京オリンピックは、戦争に傾斜するなかでなんの自覚もなく「血塗られた日の丸」を描いてしまった元報研会員、新井、今泉、原とその親しい広告技術者河野、亀倉の五人による、「新たなる日の丸」を描く場となった。

またこの懇談会からはその後、世界のビジュアルコミュニケーションの主流になるピクト＝「絵文字」による、競技種目、大会会場、施設案内マークも開発された。

戦後の混乱が少し落ち着きだすと、だれが「血塗られた日の丸」を描いたかを問う「戦争責任」問題が取りざたされだした。あらゆる表現分野で、お互いがお互いの傷口を開きあい、そこに塩を塗りこんだ。

藤田嗣治《つぐはる》は数多くの戦争画を描いた。「哈爾哈《ハルハ》河畔之戦闘」はノモンハン事件の舞台を描いたものだが、報道写真に近い写実の巧みさで、草原の緑と空の青のなかに進軍する兵士と戦車を描いた。そこには戦意を高揚する要素のかけらのひとつもない。「アッツ島玉砕」「サイパン島同胞臣節を全うす」はどちらも荒れる空と海を背景に、死に至る兵士たちの大群像が描かれている。それは死のにおいに満ち満ちている。戦争の悲惨さだけが伝わってくる。パブロ・ピカソの「ゲルニカ」を長い間日本の識者は反戦画として称え、藤田の「アッツ島玉砕」を戦犯画としてきた。

岩田専太郎も「特攻隊内地基地を進発す」「小休止」「浙東作戦靖国之絵巻」のほか、

陸軍報道部の命令により「神風特攻隊基地出発」の記録画を描いた。

改めてふたりの戦争画をみても、そこには従軍画家としての視線があるだけだ（藤田嗣治はこの三点すべてをアトリエで描いた）。戦意を高揚させようという意思はふたりの絵のどこからも匂い立ってこない。

それは火野葦平《あしへい》、林芙美子《ふみこ》の従軍記を読んでも同じだ。そこには戦争に駆り立てられた兵士の日常が描かれているだけで、戦争に加担しようというプロパガンダの要素はどこにもない。にもかかわらず戦後、藤田が、火野が、林が世の中から激しくバッシングを受けた。一方、岩田そして報研会員は批判を受けなかった。

世の中は戦争責任の生贄《いけにえ》を必要としていた。

公職追放発令後の一九四七年三月、朝日新聞は「文化人の『蛮勇』。期待、粛正、自らの手で」と刺激的な見出しで、ジャーナリスト、文筆家、芸術家の自主的追放の断行を迫った。

時代の申し子である表現者ならば、いま時代で一番新しい「戦争」の現場を見たい、立ちたいという欲求は抑えられない。だからこそ、文壇、画壇、音楽界、映画界から多くの表現者が戦場に出向いた。一番の戦争責任者は、その表現者たちの性《さが》を利した情報局の仕掛け人だ。しかし、新聞は、世間は彼ら情報官を断じることなく、それぞれの文化ジャンルで生贄を求めた。画壇は藤田をその代表として送り出した。藤田は自らも戦争画を描いていた画家たちに「戦争画を描いた画家の代表として当局に出頭してほしい」と迫られ、そんな日本にほとほと嫌気がさし、フランスに帰化し、二度と日本の地を踏むことはなかった。

火野は戦後「戦犯作家」として戦争責任を激しく追及されたまま、一九六〇年自宅で自死している。

同じく「戦犯作家」として激しく非難されつづけた林は、批判にめげることなく戦後世相を浮きぼりにした代表作『浮雲』『めし』を世に送り出す。一九五一年取材先から帰宅して倒れ帰らぬ人となった。

生贄となって戦後を生きる困難さが三人の戦後からは垣間見える。

広告は無署名性のゆえ、制作者を特定できず、生贄を差し出すことを免れた。

そのなかにあって、時代を動かす人となった花森に対する批判がさまざまになされた。しかし、花森はかたくなに翼賛会宣伝部時代をいっさい封印して、一九七〇年「一戔五厘の旗」を「暮しの手帖」誌上に書いた。

星一つの二等兵のころ　教育掛りの軍曹が　突如として　どなった

貴様らの代りは　一戔五厘でくる
軍馬は　そうはいかんぞ
聞いたとたん　あっ気にとられた
貴様らの代りは　一戔五厘でくるぞ　と　どなられながら
一戔五厘は戦場をくたくたになって歩いた　へとへとになって眠った
一戔五厘は　死んだ
一戔五厘は　けがをした　片わになった
一戔五厘を　べつの名で言ってみようか
〈庶民〉
ぼくらだ君らだ

（略）

民主々義の〈民〉は　庶民の民だ
ぼくらの暮しを　なによりも第一にする　ということだ
ぼくらの暮しと　企業の利益とが　ぶつかったら　企業を倒す　ということだ
ぼくらの暮しと　政府の考え方が　ぶつかったら　政府を倒す　ということだ
それが　ほんとうの〈民主々義だ〉

（略）
今度こそ　ぼくらは言う
困まることを　困まるとはっきり言う
葉書だ　七円だ
ぼくらの代りは　一戔五厘のハガキで　くるのだそうだ
よろしい　一戔五厘が今は七円だ
七円のハガキに　困まることをはっきり　書いて出す
何通でも　じぶんの言葉で　はっきり書く
（略）
ぼくらは　ぼくらの旗を立てる
（略）
ぼくらの旗は　こじき旗だ
ぼろ布端布《はぎれ》をつなぎ合せた　暮しの旗だ
ぼくらは家ごとに　その旗を　物干し台や屋根に立てる
見よ
世界ではじめての　ぼくら庶民の旗だ

ぼくら　こんどは後へひかない

花森は暮しの手帖社屋上に、ぼろ切れを縫い合わせた旗を立て「見よぼくら一戋五厘の旗」と叫んだ。「一戋五厘を受け取る側」でもあり、同時に「一戋五厘を出す側」の住人でもあった花森は、その翼賛会時代を完全に削除してしまった。

花森がこの時代のことを唯一コメントしたのは、「週刊朝日」一九七一年十一月十九日号の「花森安治における『一戋五厘』の精神」の特集記事のなかだけだった。「ボクは、たしかに戦争犯罪をおかした。言訳をさせてもらうなら、当時は何も知らなかった、だまされた。しかしそんなことで免罪されるとは思わない。これからは絶対だまされない、だまされない人たちをふやしていく。その決意と使命感に免じて、過去の罪はせめて執行猶予してもらっている、と思っている」と言い、あとは口をつぐんだ。

花森が戦後をつくる人になればなるほど、翼賛会宣伝部時代を隠せば隠すほど、人々は彼のことをさまざまに語った。「欲しがりません勝つまでは」「足らぬ足らぬは工夫が足らぬ」など翼賛会の話題になった広告のすべてを花森が書き、デザインしたことになり、花森の戦争責任が追及された。壁新聞「あの旗を射たせて下さいッ！」と映画「あの旗を撃て」を混同し、同映画ポスターを制作したと非難までされた。広告における戦争犯罪。一九五四年、このことに最初にふれたのは新井だった。その年、山名は毎日産業デザイン賞の特別賞を受賞した。その祝賀パーティーで新井は指名されて挨拶した。

報研の仕事はこれまでの山名さんの仕事とはかなり異質の面がありました。これまでのように、自由にやることの出来る時代の空気でなかったとは言え、報研の仕事はシリアスにすぎたり、荒々しいものだったりして、山名さんにとっては肌合いの違うものが多かったにちがいない。そういうなかに敢然として飛びこんでくれたのです。山名さんの本道から言えば脇道にそれた感じがするのではないかという危惧が、いつも私のなかにありました。状況が誘いこませたとは言いながら、無用な苦労を強いて来たのではないかという思いを持たざるを得ませんでした。しかし、近頃やっと、報研に誘いこんだことが、山名さんのためにもよかったのかなぁと思うようになりました。

七十歳の山名は、自分の生きてきたデザイン、イラストレーター人生だけでなく、同じ時代を生きたすべての広告制作者の生き方と制作方法論を、電通の機関誌「クリエティビティ」に「体験的デザイン史」の題で一九六七年より九年にわたり、克明に書きつづけた。

一九七〇年、「一戔五厘の旗」で花森が「一戔五厘をべつの名で言ってみようか／〈庶民〉／ぼくらだ君らだ」と「一戔五厘を出す側」の過去を封印したころ、山名の連載は報研時代にさしかかった。

山名は、「花森さん、一戔五厘を出す側でもあったあなたが、一戔五厘側だったと言いつづけ、『一戔五厘はぼくらだ、君らだ』と言うのはいいのだろうか」といわんばかりに、花森との事実もありのまま書く。

花森氏とは直接仕事のことで話をする機会が多く、いつか親しい付合いをするようになった。中国で兵隊生活を送ってきたらしく、その時の苦労話をよくしてくれた。話のうまい人であった。ざんぎり頭の花森氏は、そんな時はまるで古参の伍長か兵長に見えたからおかしい。宣伝部の起案者であったと思うが、われわれアーティストにとってはアートディレクターでもあった。もちろんそのころはアートディレクターという語はまだなかったが、技術上の適切な批評家であり、よい助言者であり、頼りになる人であった。

また山名は自分がかかわった報研の事実や仕事と戦争観を隠そうとしなかった。

報研は太平洋戦争が始まる直前にでき、戦争が終わったところで解散したのであるから、いわば戦争と運命をともにしたということになる。

ところが戦争を書くということは、私の手にあまることであり、書いたところで、ほんのうわっつらか断片を感傷的につぶやくのが関の山である。くりかえしていうが、私には戦争というものがよくわかっていなかった。

いきなり戦争のなかに身を置いて、その急変した状況になぜともなく上気し、わけもなくそのざわめきのなかにのめりこんでいく。まったくこれは、観光バスに乗込んで、あなたまかせの旅行が始まるのと同じだったというほかはない。なにも用意がなかったし、せきたてられて乗込んだみたいなものである。

そんななかで山名は「空ゆく少年展」をつくる。「少年たちを空の戦いに飛び立たせるために手を貸したというのであれば、いまは胸が痛んでたまらないが」と断りながらもこうつづる。

展示会形式としては、写真壁画を主として、それに絵画、図表、地図、漫画などを添えた。

われわれはパネルによる空間的展開といったディスプレイ・アートについて、貴重な体験を持つことができた。会場という一つの構築された場の中に立つことによって、主題の発言を知覚するような、そんな空気をこもらせるような、そんな手法を、これだとは確信できないにしても、なにかわかってきたように思えたのであった。デザイナーにとっては、これは大切な勉強になった。附設した空ゆく少年相談所の成績からみて、ともかく成功を納めたと思っている。

山名の四百字詰め原稿用紙千枚以上にも及ぶ大著『体験的デザイン史』は、九年の連載を終わり、一九七六年七十九歳のときに刊行された。

山名は前年の冬『体験的デザイン史』校正中の居間で、ガスストーブの着火ミスからガス中毒に陥り、かろうじて一命を救われる。言語障害麻痺が以後残るようになると同時に急激に体力が落ち、ペンを持っても不自由になった。

一九七八年一月十四日、花森が心筋梗塞で急死した。六十六歳だった。朝日新聞はその死を社会面全七段抜きで伝えた。その紙面の大きさが、戦後花森がはたした社会的影響力を語っていた。

その見出しは「消費者運動の草分け、花森安治さん逝く」だった。


二十三年秋、「暮しの手帖」を創刊。広告は、一切載せない編集方針で生活、服飾を通じて「庶民の旗」を掲げ続けた。即興のセンスと巧みな表現の風俗評論家としても知られ、戦前に「欲シガリマセン勝ツマデハ」「足ラヌ足ラヌハ工夫ガ足ラヌ」などの名スローガンを流行させた。


山名は供花の代わりに、もう不自由になった手で六点の花模様のイラストレーションを描いて贈った。花森の留守を預かることになった鎮子は「暮しの手帖」百五十五号の「ペインクリニックとは」という医療記事の装画として、山名の絵を載せた。

一九七八年二月、翼賛会宣伝部時代をすべて封印して死んでいった花森の死を待っていたように、山名文夫、今泉武治、新井静一郎共著による『戦争と宣伝技術者』がダヴィッド社から刊行された。

当時の会員たちも「報研とわたし」という思い出のエッセイを寄せた。

自分たちの活動を否定的にとらえ、「まさに戦犯」という文章を寄せたのは、小西六のカメラマンをしていた浜野全平だけだった。彼は「空ゆく少年展」で霞ヶ関少年航空隊の少年飛行士を撮影していた。それ以外の会員は「生きている報研」「尊い経験」「憧れの報研」と戦時中の活動を否定するものはいなかった。

新井はまえがきでこう記した。


この頃のことは、だれもが黙して語らない風がある。私たちにとっても、恥ずかしさを免れない事柄もある。時の権勢におもねった思いも再三あり、技術者は所詮大勢に迎合しなければ仕事にならないのかと、反省する場合にも何度かぶつかった。

しかし私たちは、当の相手と低い妥協をくり返して、ただ仕事になればよいという気持ちで、仕事をしてきたのではない。

何とかして現状を打ち破って、高い国家の理念を摑み、そこから出発する企画と構成のもとに、技術を最高度に駆使してみたいという思いが、私たちの心奥には絶えず燃え続けていたのである。
そのためには、送り手としての国家の意志を確かめてゆくと共に、受け手であり送り手でもある技術者の組織づくりを、結成の当初から考え続けてきた。

この新井の文章には、いつの時代にも広告がもつ本質が潜む。広告はその得意先が百年戦争を覚悟する狂気の集団であろうと、得意先の依頼に対して「自分たちの技術を最高度に駆使して」応えようとするものなのだ。山名が少年飛行士たちに及ぼした影響よりも、航空展で自分たちの技術が表現の高みに到達したことを喜んだように、いつの時代も広告制作者は自分の技術と感覚でより新しい表現の価値観を創造しようとする。時代がどんなに変わろうと、危険な得意先は存在する。

一九七九年、資生堂は各界で女性像を創ってきた九人のアーティストによる全十段の新聞広告「私の美人像シリーズ」を企画した。画家金子国義、彫刻家船越保武、写真家横須賀功光らと並んでイラストレーター界から八十二歳の山名がキャスティングされた。

資生堂は昔から新聞広告に大きな紙面を使うことはなかった。最初に入社した資生堂を退社し「ヤマナアヤオ・アド・スタディオ」を設立した山名が、クラブ化粧品の全十五段の新聞広告に手を焼いたように、山名は長い間資生堂で大きな紙面にイラストを描くことはなかった。八十二歳にしてはじめて出会う、全十段という大きな紙面と、すっかり不自由になって動かぬ手と悪戦苦闘しながらも、この歳になっても描けるとは幸せと、唐草模様をたくさん髪にからませ、その髪の奥からしっかりと瞳を見開いた最後の少女ルシィエンヌを描きあげた。

山名の最後のイラストレーションの広告は、一九七九年五月一日に掲載された。その広告を見届けてから、山名は急速に衰えていった。ペンが握れなくなって、一日ベッドの上に寝ころんでいた。

そんなとき、ザザ、ネステンカ、ポーリー、ルシィエンヌ、モーリーたちは昔のままに、美しく、やさしく、あるいはおてんばに、四方の壁から山名を見守っていた。

そしてある朝、山名は最後の息を引きとりながらつぶやいた。

「スザンナよシャルロッタよルゥールゥーよ、さよなら、もう会えないね」

明日の風が吹いていた。一本の画鋲で止められている彼女たちは、聖天使の翼のように、はたはたと翻《ひるがえ》った。

一九八〇年一月十四日、山名は心不全のため八十三歳で亡くなった。奇しくもその日は花森の命日でもあった。

1979年資生堂広告（朝日新聞より）

朝日新聞は山名の死をこう伝えた。

山名文夫（やまな・あやお＝資生堂顧問、グラフィック・デザイナー）十四日午後十時五十分、心不全のため、東京都狛江市の慈恵医大第三病院で死去。八十三歳。和歌山県生まれ。中学卒業後、ほぼ独学で商業デザインを勉強、雑誌「苦楽」「女性」のさし絵を担当した。資生堂に入社した昭和四年以降は、広告でユニークな装飾画を発表。流れるような繊細な線を使い、官能的で現代的な感覚をもつ資生堂調の基礎を築いた。戦後は多摩美術大学教授をつとめたほか、日本デザイナー学院を開校した。日本のグラフィック・デザイナーの草分けの一人である。

三月、山名たちが描いた資生堂の「私の美人像」シリーズ広告は、その年の朝日広告賞最高賞を受賞した。七月、日本宣伝クラブはその年の優秀な仕事をしたクリエーターに贈る「日本宣伝賞山名賞」を設定した。第一回の受賞者は永井一正だった。

八王子上川霊園の二メートルは超える一枚板の大きな墓石のもとに山名は眠っている。生前の本人のサインから起こしたと思われる、「山名文夫」という文字がただ一行彫られ、八王子の山々と面している。

私はそのペンの跡をなぞりながら、山名のペンの喜びと哀しみを思った。それは時代と並走しつづけることを職業にする、広告の喜びであり哀しみでもあった。

私はいつまでもそのペンの跡をなぞりつづけた。

八王子の山々にはおだやかで温かな光が降り注いでいた。

あとがき

山名文夫や新井静一郎と同じように、私はなんの想いもなく偶然に広告の世界に足を踏み入れた。就職が内定した会社で私は勝手気ままに社内報の原稿を書いていた。それを読んだ社長が「君は書けると思う。コピーライターになりなさい」と言った。営業志望の私は若い社長の直感に導かれるようにして制作局に配属になった。以来、四十年以上を広告企画制作者として過ごしてきた。

団塊の世代の私たちは権威に楯つくことを是として、学生時代を過ごした。あらゆることにまずは「ノー」と言ってみることが習い性になっていた。就職してもそんな気分がいつまでも尾を引いていた。広告の企画制作を職業にするにあたり、心に決めたことがあった。行政広報、自衛隊、原子力などの「国家情宣」の仕事と、被害者を生みだす職種の広告には携わらないと。実際、行政広報の仕事はことごとく断ってきた。小さな目立たない仕事ばかりだった。

ところが東京都衛生局の「ストップエイズ」キャンペーンの大がかりな競合が舞いこみ、自分と交わしたそんな約束はすぐに反故《ほご》になった。

それまで厚生省（現・厚生労働省）が展開するエイズ防止キャンペーンは、ことごとく失敗に終わっていた。「買春を促進している、女性を蔑視している」と、つくるポスター、つくるポスターが掲載中止に追いこまれていた。エイズという「マイナスのマーケティング」商品を「プラスのマーケティング」の視点で企画しているからだった。そんなときに、東京都のエイズ防止キャンペーンが私のところに持ちこまれた。日ごろ自分で決めた職業規範はすぐにふっ飛んだ。

「だれも成功しなかったキャンペーンをやってみたい」「マイナスマーケティングに挑戦したい」。私は一も二もなく自分から競合に名乗り出ていた。

ボランティアのタレント、文化人を一気に二十人起用し、エイズの予防薬はコンドームだといって、はじめてテレビ画面にコンドームを差しだした。放映前から注目が集まり、新聞の社会面、朝のワイドショーに大々的に取り上げられつづけた。そのキャンペーンはその年のACC賞話題賞を獲得した。

新聞記者、ワイドショーの取材を受けながら、いちばん時代的で、だれもが注視することが確実なキャンペーンの前で、自分の職業規範はこんなにもやすやすと崩れさるものか、自分はいかに信念のない男かと、つくづく思い知らされた。

またもうひとつ、私は消費者金融アコムの「はじめてのアコム」を企画制作している。テレホンレディーの笑顔の対応ぶりを描いたものだ。それまでのお笑いCM中心だった消費者金融のコマーシャルの方法論とトーンをがらりと変えた広告である。消費者金融のビジネス形態を店頭営業からテレホンセンター営業に変えるためのコマーシャルだった。

最初は、そんなものが届くわけがないといわれた。起用した女性タレントに人気が集まり、電話でお金を借りるという気軽さから、新規顧客が一気に増えてキャンペーンは大成功した。以後、消費者金融のコマーシャルの形は、各社すべてテレホンレディーに変わってしまった。お笑い広告がメインだった業界に、まったく別のコミュニケーション・スタンダードを創出し、消費者金融のビジネス形態を変換できたことに私は満足した。私のつくった「笑顔のコマーシャル」によって、消費者金融への参入障壁は一気に低くなった。結果、サラ金地獄に落ちた人々が大勢い出現しただろう。しかし、そのことへの想像力を私は回避している。罪の意識を感じないようにしている。

山名や新井は、自社の広告が極端に減少していくなかで、その目の前にいまいちばん熱い国家情宣キャンペーンを差しだされた。彼らがなんの躊躇もなくそれに飛びついたのは、広告という職業人のもって生まれた業《ごう》以外のなにものでもない。

それが広告のもつ本質なのではないかと思う。広告によって受ける影響よりも、新しいコミュニケーションの技法を開発できるかどうかだけが、広告の価値基準となる。新井が『戦争と宣伝技術者』のまえがきで吐露した心情に、山名が「空ゆく少年展」で語った独白に、広告という職業のもつ本質が潜む。広告が及ぼす影響力を考える人は、この業界から早く立ち去ることになる。

私は四十年間、そのことにあえて想像力を働かせることなく、新しいコミュニケーションのあり方だけを追求してきた。広告のそれが本質であり、それが限界でもあるのだと思う。

広告というビジネスはいつも時代におべっかを使いながら、自分自身を時代に変容させせて生きるビジネスだ。悲しいかな、自分の思想もなにもあったものではない。そうやって私は、私が生まれた時代を生きてきた。しかし、時代と並走しつづけるのもこれでなかなかたいへんなのだ。時代の変化を瞬間的に読み取り、自分の感性と肉体を反射的に変容させせなくてはいけない。時代はなかなかの暴れ馬で、ちょっと油断すると振り落とされてしまう。

お前の思想はどちらなのだ。右か左かと山名のように問われたら私はこう答えよう。「右でも左でもありません。時代の子です」と。

私が新井たちと同じ時代に生まれ、広告制作者という職業につき、この戦争期に三十歳を迎えたとしよう。私はなんのためらいもなく、国家情宣の仕事に携わっただろう。戦う広告の不毛な表現にうんざりしながら、唯一突出した報研の作品に負けない広告をつくろうとしただろう。花森が起案し、山名が企画した「あの旗を射たせて下さいッ！」を読んで、新しい視点の広告の登場に戦慄しただろう。これを超えるものをつくるのだと、新しい広告表現創出に血眼になっただろう。私の頭の中の広告企画装置を総動員し、フル回転させただろう。

情報局第五部第一課の管轄下にあった広告制作者はだれも、自分の企画力を最大限にして、得意先の課題に応えようとした。それは広告制作者だけではないのだと思う。第五部第三課の管轄下にあった、文学者、画家、音楽家たちもやはり、自分の文化創造装置を最大化して、作品の創出にあたったのだ。だが戦時下の広告制作者への非難の声より、文学者、画家、音楽家への非難の声のほうが世情では大きい。

それは広告制作者の名前はクレジットされないという職業のシステムにある。対して文学者、画家、音楽家は個々人の名前でその時代を生きたために、厳しい戦争責任を追及された。自らが署名した文章なり、絵なり、楽曲が残ることで、花森のように「ぼくもだまされた」とは言えず、戦争責任の批判の声に反論もままならず立ちつくすしかなかった。

しかし、そうだろうか。表現者として未体験の世界を覗きたいという誘惑に駆られることが犯罪になるのだろうか。見えないものを見たい。聞こえないものを聞きたい。いつも情報は人間を熱くする。そのはてしない想いから創造者たちが、戦場に従軍したことをだれが責められるのだろうか。戦争責任を追及する人々の視点からは、戦争に傾斜し、加担せざるを得ない表現者の資質と、またそうしなければ暮らせなかった生活者としての視点に欠けると思うのは私だけなのだろうか。文学・美術・音楽界にあっての責任者は、創造者たちの業を利用し、従軍記を書かせるように企画し、強いた第五部第三課の情報官たちに他ならない。また「戦う広告」の本当の責任者は内閣情報局第五部第一課の本野盛一課長ならびに林謙一、小松孝彰であり、翼賛会では山名が「宣伝部の起案者であった」とした花森安治なのだ。広告はいつの時代も、まず基本的な戦略の方向性を立案し出稿する得意先にすべての責任がある。

そしてそれはまた学者も同じなのだと思う。小山栄三もまた時代が必要としている学問に自分の研究対象を変容させていった。どこか広告業界の人間の資質に似ていなくもない人だ。

一九六七年、立教大学社会学部に観光学科（現観光学部観光学科）が新設された。

私はこれからは海外の時代であり、ホテルビジネスが主流になると思い、新設されたばかりの学科を受験して合格した。複数校受かったなかで私は立教への進学を望んだのだが、父親の反対にあい、やむなく別の大学へ入学した。

今回小山栄三を調べて行くうちに、この学科の設立に小山が深くかかわっていたことを知り驚いた。時代が求める学問を探求しようとする彼の嗅覚が、次の時代は観光学だと確信させたのだろう。それは『戦時宣伝論』の最終章で「大東亜圏建設の暁には、日本は国際観光立国になる」とした彼のビジョンに他ならなかった。新学科設立に奔走した一人の男の、四半世紀にわたる時代を超えた執念を思わずにはいられなかった。立教へ進学していたら、私は小山からなにを学んだのだろうか。

小山の戦後の人生は、日本広報学会のホームページ内のサイト「行政広報戦後史小山栄三と日本広報学界」で、明治学院大学三浦恵次名誉教授が詳細に述べていた。その記述はこんな一文で締めくくられていた。

小山氏の令息・小山観翁氏によると、小山氏と長谷川才次氏の部下、調査局長・沼佐隆次氏は〝健全な世論形成〟については意見が食い違った。小山氏はどちらかというと、戦前・戦中を通して実感した公衆や世論の動揺性から、世論形成には政府の指導が大切であると主張し、他方、沼佐氏は通信関係の経験から、それはマスコミの指導に任せるべきだと反論したという。

なにかがひっかかった。どこか深くで記憶があるのだ。やがて気がついた。小山観翁という名前を私は前から知っていたのだ。そして驚いた。小山栄三は小山観翁の父親だったのかと。

私が歌舞伎を見だした二十五年ほど前。まったく歌舞伎の知識も素養もなかった私は、歌舞伎座のイヤホンガイドで解説を聞きながら歌舞伎の見方を学んだ。役者が出てくると屋号、役者名、役どころを適切に語ると同時に、歌舞伎の決められた所作から、その役がどのような役柄であるか、芝居の進行に合わせて歌舞伎の見方を十分に解説してくれるのだ。

何人かの解説者がいたのだが、そのなかに小山観翁がいた。観翁の解説は耳にうるさくなく、いつも簡潔で適切だった。私は小山観翁の解説の舞台をわざわざ選んで歌舞伎を見つづけた。一年ほどたって私はもう解説イヤホンをわずらわしく感じだした。解説なしで歌舞伎を自力で見られるようになり、大向こうからかけ声をかけるようになった。それから二十五年毎月歌舞伎に通いつづけられたのは、小山観翁がいたからだ。私の歌舞伎の師といってもいい。歌舞伎初体験の人間には小山観翁のイヤホンガイドの舞台をまず見なさいと勧めてもきた。その観翁が私が手探りで探し調べている小山の子供だったとは。突然に小山という人が身近な存在に思えてきた。小山は時代ごとの学問を探求し、子どもを育て、その人から私は歌舞伎を学んだ。

表現者にはつねにふたつの宿命がついてまわる。ひとつは自分の芸術を高めるという宿命。そしてもうひとつは、それにより家族を養うという宿命だ。

表現者の戦争責任、戦争加担を非難するのはたやすい。しかし、それは想像力に欠けないだろうか。戦争の時代を生きた人は、自分の立っている位置で戦いをするのだ。戦いを強要されるのだ、国家によって。

先の戦争によって学べることは、たったひとつだけある。

人間はだれも生きるために、戦争に協力するということだ。それは日本という国だけでなく、世界共通の真理だ。

だからいちばん大事なのは、戦争をおこさないことなのだ。戦争をおこさなければ、人は人を殺し、人を戦場に駆り立てることはしない。

戦前から逓信省の電話局に勤めていた私の父は、一九四二（昭和十七）年満州電電に勤めるため、母と子ども三人を連れて満州に渡った。その地で子ども三人を風土病でつぎつぎと亡くした。満州で生まれた子ども一人も引き揚げ船の中で亡くして、父母は一九四六年四月帰国した。そして翌年私が生まれた。

その私は職業人として広告制作者という道を偶然踏みだし、人間の欲望を刺激し、市場をつくることに加担してきた。幸いなことに、その間に本当の戦争はおこらなかった。が、なんのことはない。経済戦争の果敢なる兵士であり続けた。

母は「戦争だけは嫌だ。戦争だけはしてはいけない」と言いつづけ、九十歳で亡くなった。私たちの国の憲法が与えられた、与えられないの論争はどうでもいい。あの戦いが終わった日に、私の母のように、だれもが二度と戦争は嫌だと思ったのだ。もう軍隊を持たない国の理想をかかげたのだ。いまふたたび憲法九条について語ると、なんだか古い人間に思われたり、左傾化した人間に思われるのだが、思想は関係ない。私は右でも左でもなく時代の子として言おう。

「戦争は嫌だ」と。

なぜなら時代の子である私は、必ず広告企画者として戦争コピーを書くだろう。確実に書く。そして山名文夫よりも、新井静一郎よりも、花森安治よりもすぐれたコピーを、作品をつくろうとするだろう。いや確実につくる。

だからそんな時代を迎えないためには、戦争をおこさないことしかない。どんな世の中になっても、戦争をおこさないこと、これだけを人類は意志しつづけるしかない。

二〇一〇年八月十五日

満州で死んでいった長姉マユミ、長兄マキオ、次姉ムツミと引き揚げ船の中で死んだ三姉マサコのことをあらためて想いながら。

馬場マコト

文庫化によせての追記

今回の文庫化にあたって、八年前に刊行した白水社版の「あとがき」を読み返し、私の想いと立場は、当時といささかも変わっていないことを確認し、新たな「あとがき」を付すことはなしにした。この八年間、なにやらきな臭いにおいが立ち込める日々のなかで、私はただひたすら、戦争のおこらないことだけを祈ってきた。そしてこれからも、祈りつづけるだけだ。

文庫化にあたり小田桐昭氏、土屋洋氏と、潮出版社の西田信男氏にお世話になった。あらためて感謝いたします。

参考文献

アルシーヴ社編『聞き書きデザイン史』（六耀社　二〇〇一年）
アルバート・カー／小松孝彰訳『米国の世界政策』（高山書院　一九四一年）
朝日新聞取材班『戦争責任と追悼』（朝日新聞社　二〇〇六年）
天羽英二日記・資料集刊行会編『天羽英二日記・資料集』（天羽英二日記・資料集刊行会　一九八四年）
新井静一郎『ある広告人のエッセイ』（ダヴィッド社　一九七四年）
新井静一郎『ある広告人の記録』（ダヴィッド社　一九七二年）
新井静一郎『ある広告人の日記』（ダヴィッド社　一九七三年）
新井静一郎『広告人からの手紙』（誠文堂新光社　一九八〇年）
新井静一郎『広告の中の自伝』（マドラ出版　一九八九年）
新井静一郎『広告をつくる技術者たち』（美術出版社　一九七七年）
新井静一郎『コピーライター』（誠文堂新光社　一九七九年）
有山輝雄・西山武典編『情報局関係資料』（柏書房　二〇〇〇年）
猪狩誠也『広報／パブリックリレーションズ史研究序説』（日本広報学会広報史研究会　二〇〇八年）

石川達三『風にそよぐ葦』（毎日新聞社　一九九九年）
伊藤述史『国際情勢から見た我が国の新体制運動』（日本産業報国新聞社　一九四一年）
伊藤述史・白鳥敏夫『世界新秩序と日本の外交』（日本文化中央聯盟　一九四一年）
井上章一『戦時下日本の建築家』（朝日新聞社　一九九五年）
岩田専太郎『わが半生の記』（家の光協会　一九七二年）
岩槻泰雄『日本の戦争責任』（小学館　二〇〇〇年）
江沢譲爾『ハウスホーファーの太平洋地政学』（日本放送出版協会　一九四二年）
大橋鎮子『「暮しの手帖」とわたし』（暮しの手帖社　二〇一〇年）
荻野富士夫『情報局関係極秘資料』（不二出版　二〇〇三年）
カール・ハウスホーファー／太平洋協会編訳『太平洋地政学』（岩波書店　一九四二年）
唐澤平吉『花森安治の編集室』（晶文社　一九九七年）
川口松太郎他『自伝抄』（読売新聞社　一九七七年）
川口松太郎『蛇姫様』（春陽堂書店　一九九八年）
川口松太郎『忘れ得ぬ人、忘れ得ぬこと』（講談社　一九八三年）
「暮しの手帖」九十六号「戦争中の暮しの記録」（暮しの手帖社　一九六八年）
国民精神総動員本部編『国民精神総動員本部要覧』（国民精神総動員本部　一九四〇年）

小林信彦『一少年の観た〈聖戦〉』（筑摩書房　一九九五年）
小松孝彰『支那を喰う共産党の実状』（今日の問題社　一九三八年）
小松孝彰『戦争と思想宣伝戦』（春秋社　一九三九年）
小松孝彰『戦争と宣伝の戦慄』（森田書房　一九三六年）
小松孝彰『日本を脅かす宣伝戦』（森田書房　一九三七年）
小山栄三『思想戦と宣伝』（内閣情報部　一九四〇年）
小山栄三『人種学概論』（日光書院　一九三九年）
小山栄三『新聞学』（三省堂　一九三五年）
小山栄三『戦時宣伝論』（三省堂　一九四二年）
小山栄三『南方建設と民族人口政策』（大日本出版　一九四四年）
小山栄三『民族と人口の論理』（羽田書店　一九四一年）
近藤史人『藤田嗣治「異邦人」の生涯』（講談社　二〇〇二年）
酒井寛『花森安治の仕事』（朝日新聞社　一九八八年）
佐藤卓己『言論統制』（中央公論新社　二〇〇四年）
佐藤卓己『輿論と世論』（新潮社　二〇〇八年）
資生堂『資生堂宣伝史Ⅰ―Ⅲ』（資生堂　一九七九年）

資生堂『資生堂百年史』（資生堂　一九七二年）
資生堂企業文化部『創ってきたもの、伝えていくもの』（資生堂　一九九三年）
渋谷重光『語りつぐ昭和広告証言史』（宣伝会議　一九七八年）
清水晶『戦争と映画』（社会思想社　一九九四年）
下村海南『終戦記』（鎌倉文庫　一九四八年）
杉森久英『大政翼賛会前後』（文藝春秋　一九八八年）
大政翼賛会宣伝部『大政翼賛会実践要綱の基本解説』（翼賛会　一九四一年）
多川精一『広告はわが生涯の仕事に非ず』（岩波書店　二〇〇三年）
竹山昭子『戦争と放送』（社会思想社　一九九四年）
名取洋之助『写真の読み方』（岩波書店　一九六三年）
難波功士『撃ちてし止まむ』（講談社　一九九八年）
難波功士『広告のクロノロジー』（世界思想社　二〇一〇年）
日本外事協会編『南方政策を現地に視る』（高山書院　一九三七年）
日本経済新聞社編『私の履歴書文化人６』（日本経済新聞社　一九八三年）
日本デザイン小史編集同人編『日本デザイン小史』（ダヴィッド社　一九七〇年）
博報堂編『博報堂１２０年史』（博報堂　二〇一五年）

花森安治『一戔五厘の旗』（暮しの手帖社　一九七一年）
林謙一『油絵のすすめ』（創英社　一九七七年）
林謙一『おはなはん』（文藝春秋　一九六六年）
林謙一『つかの間のペン』（PHP研究所　一九七七年）
林謙一『2Bの鉛筆』（文藝春秋　一九七四年）
林謙一『報道写真集　野尻湖』（フォトタイムス社　一九四〇年）
林謙一『ヨーロッパスケッチ旅行』（講談社　一九七九年）
林芙美子『戦線』（朝日新聞社　一九三八年）
林芙美子『北岸部隊』（中央公論社　一九三九年）
ハロルド・ラスウェル／小松孝彰訳『宣伝技術と欧州大戦』（高山書院　一九四〇年）
半藤一利『昭和史』（平凡社　二〇〇九年）
久富達夫追想録編集委員会編『久富達夫』（久富達夫追想録刊行会　一九六九年）
報道技術研究会編『宣伝技術』（生活社　一九四三年）
土方重巳『造形の世界』（造形社　一九七八年）
深川英雄「電通を創った男たち　広告クリエーティブの『水先案内人』新井静一郎」（ウェブ電通報　二〇一四年）

福田俊雄『時局認識辞典』（日本書院　一九三九年）
藤田嗣治『素晴らしき乳白色』（講談社　二〇〇二年）
文藝春秋編『「文藝春秋」にみる昭和史　第一巻』（文藝春秋　一九八八年）
平凡社編『昭和・平成史年表』（平凡社　一九九七年）
保坂正康対論集『昭和の戦争』（朝日新聞社　二〇〇七年）
前坂俊之『言論死して国ついに亡ぶ』（社会思想社　一九九一年）
町田忍『戦時広告図鑑』（WAVE出版　一九九七年）
松本品子・弥生美術館編『岩田専太郎』（河出書房新社　二〇〇六年）
松本剛『広告の日本史』（新人物往来社　一九七三年）
三浦恵次・岩井義和『小山栄三の世論研究史について』（日本広報学会ホームページ）
三神真彦『わがままいっぱい名取洋之助』（筑摩書房　一九八八年）
本野盛一他述『刻下の外交問題に就て』（帝国教育会　一九三七年）
森史朗『作家と戦争』（新潮社　二〇〇九年）
森永製菓株式会社編『森永製菓１００年史：はばたくエンゼル、一世紀』（森永製菓　二〇〇〇年）
八巻俊雄『日本広告史』（日本経済社　一九九二年）

山名文夫・今泉武治・新井静一郎『戦争と宣伝技術者』（ダヴィッド社　一九七八年）
山名文夫『体験的デザイン史』（ダヴィッド社　一九七六年）
山名文夫『山名文夫新聞広告作品集』（ダヴィッド社　一九六三年）
山名文夫『山名文夫作品集』（誠文堂新光社　一九八二年）
山名文夫『山名文夫作品集アイデア別冊』（誠文堂新光社　一九八一年）
山名文夫『山名文夫生誕百年記念作品集』（資生堂　一九九八年）
山中恒・山中典子『書かれなかった戦争論』（勁草書房　二〇〇〇年）
山中恒『新聞は戦争を美化せよ』（小学館　二〇〇一年）
山本武利・津金澤聰廣『日本の広告』（日本経済新聞社　一九八六年）
湯原かの子『藤田嗣治』（新潮社　二〇〇六年）
読売新聞社『昭和史の天皇七巻』（読売新聞社　一九六九年）
読売新聞社『昭和史の天皇十九巻』（読売新聞社　一九六九年）
読売新聞社『昭和史の天皇三十巻』（読売新聞社　一九六九年）
H・ラーヴィン、J・ヴェクスラ／小松孝彰訳『アメリカと参戦』（富士書店　一九四一年）
若林宣『戦う広告』（小学館　二〇〇八年）

解説

吉岡 忍

著者馬場マコトが本書の最後のほうで書いたことを、もう一度記しておこう。もし自分があの戦争の時代に生き合わせていたら、どうしただろうか、と自問する箇所である。同じ広告の世界で半生以上を過ごしてきた著者にとって、おそらくこれは執筆の当初から避けては通れない問いとして予感されていたに違いない。

馬場は書いた。

「私はなんのためらいもなく、国家情宣の仕事に携わっただろう。（中略）新しい広告表現創出に血眼になっただろう。私の頭の中の広告企画装置を総動員し、フル回転させただろう」

この一節を書く前、馬場は必ずやひと呼吸置いただろう、と私は想像する。お茶かコーヒーを飲んだかもしれない。これ以外の書き方はないか、こう記してよいか、と逡巡もしただろう。そして、書いた。むろんすんなり書ける一節ではないが、しかし、ここまで踏み込んで書かなければ本書を終わらせることはできない、そんな思いで、これは書かれた文章である。

本書はタイトルにあるように、戦争と広告をテーマにしている。

大正デモクラシーが関東大震災で吹き飛び、ウォール街の大暴落が昭和恐慌として襲うと、軍部の暴走が始まった。満州事変が起こされ、日中戦争の泥沼化があらわになり、やがて真珠湾攻撃と太平洋戦争初期のはなばなしい戦果が国民を熱狂させたのも束の間、わずかその一年後からは惨憺たる潰走と惨敗がくり返された、あの戦争の時代。

第二次世界大戦の死者は、少なく見積もっても全世界で約五千万人、アジアで二千万人と言われ（三千万人はヨーロッパと北の旧ソ連、南の北アフリカ地域で死んだ）、うち日本の兵士と民間人のそれが三百万人とすれば、残りの千七百万人のアジア人の死に日本は直接間接に手を下したことになるのだが、このけっして褒められたものではなかった戦争の時代に、広告界はどう対応したのか。

二十世紀の二度の世界大戦は、言うまでもなく総力戦である。敵味方双方が武力・経済力・文化力のすべてを動員してぶつかり合った。日本も国家総動員体制下、軍部が居丈高に跋扈し、上は政府から下は隣組まで、天皇制と軍事優先のイデオロギーによってがんじがらめとなった。ごく一部の、数えられるほど少数の社会運動家、文筆家、宗教者が厳しい弾圧を受けながら不服従を貫いたことは知られているが、それ以外の社会組織と個人は隅々まで統制され、その外に逃れるすべはなかった。

広告界ももちろん戦争に手を染め、協力した。しかもそれが仕方なく、やむを得ずどころの協力ではなく、みずから進んで、持てる才能と技術を惜しみなく発揮してのそれであったことは、本書を読まれた読者は十分理解されたのではないだろうか。戦況の悪化と物資の不足がしだいに足かせとなっていったとはいえ、ここに登場する広告人たちは敗戦の間際まで、国威発揚の広告宣伝クリエーターとして精いっぱい活動しつづけた。

こうした時代を部外者の目で、あるいは当時の歴史の現場にいなかった者の目で跡づけるのは、資史料の集め方、読み方に一定の修練さえ積んでいれば、さほど難しくない。いや、戦後も七十余年、当事者たちがほぼいなくなったいまの時点では、誰が書こうが、部外者の目たらざるを得ないとも言えるだろう。その意味では、戦後生まれの馬場も例外ではない。

だが、そうであっても、それを内側から、つまり現在のわが身にも関わる内在的な問題としてとらえる視点がなければ、記述は上っ滑りのまま、事実やエピソードの羅列に終わってしまう。ここが歴史的事象を描くときの難しさだが、著者は同じ広告界に身を置く後輩として、つまりは同業者として、自分ならどうしただろうかと問いつづけながら、あの時代に分け入っていく。

本書を読みながら、私は、私も少なからず関係している文学やジャーナリズムのことを思い浮かべた。あの時代、こちらには文学者を網羅した文学報国会があり、軍部の便宜供与を得たペン部隊なるものまで結成されて、火野葦平や林芙美子など名だたる作家たちが戦場に行き、おびただしい従軍記や紀行文を書いた。それらを掲載した新聞・雑誌は飛ぶように売れ、多くの国民を熱狂させた。

情報局が新聞記者を集めて情報を小出しにする記者クラブ制度を作ったのも、この時期だった。軍人や役人たちは懇意となった記者だけに情報を耳打ちし、記者は特ダネとしてそれを報じる。ここから官による情報操作も始まれば、記者たちの夜討ち朝駆けの取材方法も生まれ、それはいまもつづいている。

同じことは、これら広告や新聞や文学の文化的領域ばかりではなく、エネルギー、鉄鋼、造船、航空機、建築、通信、繊維、食品、金融等々、あらゆる産業の内部でも起きた。まさにそれが総力戦というものだったが、それ以上に注目しなければならないのは、戦前・戦中に重なる大正から昭和前期という時代が現代につながる文化と産業の勃興期——人の一生になぞらえて言えば、青春期だったということである。

山名文夫、新井静一郎、今泉武治ら報道技術研究会に集まった面々の溌剌としたさまを見てみればよい。彼らは新聞・雑誌・グラフ誌・写真・ポスター・展示会等がニューメディアとして登場してきた時代にめぐりあわせ、そこに初めてデザインの可能性を発見したクリエーターたちだった。その興奮と勇み立つ気持ちはそのまま、戦時宣伝の創作に向かった。(毀誉褒貶はありながら)花森安治も広告と宣伝の威力に目を輝かせ、活発にふるまっている。誰も手抜きをしていないし、徹夜もいとわず働いている。誰もが国家情宣の仕事に最善を尽くそうとしている。そこに思想はないが(と、著者はさり気なく言っている)、創造に邁進し、表現の最先端に行ってみたい、と欲望するクリエーターの若々しい生理があった。

おそらく先にあげた他の産業の現場でも同じだったに違いない。経営幹部も一般労働者も勤労動員された少年少女たちも一生懸命工夫し、汗を流し、働くことが世の中のためになる、と信じていたろうし、よもや千七百万人もの命を奪う侵略戦争に加担しているなどとは思ってもみなかっただろう。言い換えればこれは、意図と結果が真逆にねじれていたということである。自分は最善、最上の成果を求めてまっすぐ邁進していたつもりなのに、いつのまにかその自分が変えられてしまっていたということでもある。

ここでもうひとつ、馬場マコトが書き記したことを引用しておかなければならない。

彼は、彼らの戦争責任、戦争加担を非難するのはたやすい、と記したあとで、こう書いている。

「先の戦争によって学べることは、たったひとつだけある。人間はだれも生きるために、戦争に協力するということだ。（中略）だからいちばん大事なのは、戦争をおこさないことなのだ。戦争をおこさなければ、人は人を殺し、人を戦場に駆り立てることはしない」

これについては私も、まったくそのとおり、と言うしかない。

だが、そう言ったとたんに、では、その戦争を起こさないこと、起こさせないことを誰が、どのようにやるのか、という声が飛んでくる。いや、何よりも問いは身の内から湧き上がってくる。新しい表現に血眼になり、精魂を込め、あるいは〆切りに追われて仕事をしているとき、政治権力の中枢部で戦争が着々と準備され、やがて街頭が、窓の外が騒がしくなってきたとき、クリエーターは何ができるか。

本書に、この問いに対する直接の答えはない。読者一人ひとりが答えるべき問いとして投げだされている――と書いて、私はこの解説を終えるつもりだった。

一冊の本を挟んだ著者と読者との望ましい関係が、問いを共有し、ともに考えつづけることだとすれば、「戦争をおこさない」ことが大事だ、という結語は悪くない。

しかし、どうにも収まりが悪い。せっかくあの惨憺たる、またその一方で潑剌ともしていた時代を見てきたのに、いきなり現代に連れもどされたような気がする。

私はもう一度、今度は著者と戦前・戦中の広告クリエーターたちがどう違うかだけを探して、ページをめくった。

それはすぐに見つかった。あとがきである。馬場はみずからの職歴を振り返り、行政広報、自衛隊、原子力などの国家情宣の仕事や被害者を生みだす職種の広告には携わらないと決めていたが、ストップエイズキャンペーンと消費者金融のコマーシャルを手がけ、その覚悟もあっさりひっくり返った、と述べている。つまり、それほど広告人は「時代の子」なのだ、と。

いささか自嘲的なこの一節を読んだとき、とっさに私はインド独立の父マホトマ・ガンディーが語ったとされる言葉を思い出した（もう何年も頭のなかにあるのに出典が見つからないのは、私も忘却が先に立つ時代の子だからだろう）。ともあれ彼はこう語ったという。「あなたがすることのほとんどは無意味だが、それでもしなくてはならない。そうしたことをするのは世界を変えるためではなく、世界によってあなたが変えられないためである」。

誰もが、時代の子なのだ。時代の子なりに、日々、私たちはねじ曲げられ、変えられていく。そのことに気づいているか、自覚しているだろうか……。クリエーターの思想が生まれるのは、ここからである。

（ノンフィクション作家、日本ペンクラブ会長）

・本書は二〇一〇年九月に白水社より刊行された作品を大幅に加筆・修正し、文庫化したものです。
・本書中は敬称を略しております。
・引用文は、漢字は新字体に、旧仮名遣いは現代仮名遣いに改めました。
・なお、現代的な感覚では不適切と感じられる表現を使用している箇所がありますが、時代背景を尊重し、本文中で用いていることをご了承ください。

戦争と広告

潮文庫　は－2

2018年　7月20日　初版発行

著　　者　馬場マコト
発 行 者　南　晋三
発 行 所　株式会社潮出版社
〒102-8110
東京都千代田区一番町6　一番町SQUARE
電　　話　03-3230-0781（編集）
03-3230-0741（営業）
振替口座　00150-5-61090
印刷・製本　中央精版印刷株式会社
デザイン　多田和博

ISBN978-4-267-02139-8 C0195